Klaus-Groth-Lesebuch

KLAUS-GROTH-LESEBUCH

Herausgegeben und eingeleitet von
Robert Langhanke

BOYENS

Wir danken dem Schleswig-Holsteinischen Landtag und der Klaus-Groth-Gesellschaft e.V. für die Unterstützung bei der Realisierung des Lesebuches.

Die grothsche Rechtschreibung der im Buch enthaltenen Texte und Zitate folgt in der Regel den ursprünglichen Ausgaben.

Auf der Grundlage der 1998 von Ulf Bichel herausgegebenen Ausgabe des *Quickborn* bringt das Lesebuch eine Auswahl der erstmals 1856 in der 4. Auflage des *Quickborn* publizierten Illustrationen von Otto Speckter zu einzelnen Gedichten.

Umschlag: Harro Magnussen, Entwurf für ein Groth-Denkmal in Kiel, um 1899. Foto: Schleswig-Holsteinische Landesbibliothek.

ISBN 978-3-8042-1519-1

2., überarbeitete Auflage 2025
© 2019 by Boyens Buchverlag GmbH & Co. KG
Wulf-Isebrand-Platz 1–3
25746 Heide
buchverlag@boyens-medien.de

Alle Rechte vorbehalten
Herstellung: Boyens Buchverlag
Druck und Bindung: cpi books GmbH, Germany
Printed in Germany

www.boyens-buchverlag.de

INHALT

Geleitwort 7
Vorwort zur zweiten Auflage .. 8
Klaus Groth, das Niederdeutsche und ein Lesebuch 9

Quickborn

Min Modersprak 23
Min Jehann 25
As ik weggung 26
Sneewittchen 27
Ręgenleed 27
An de Maan 28
Grotmoder 31
Hanne ut Frankrik 32
Matten Has' 46
Aanten int Water 47
Spatz 49
Dagdeef 50
De Flot 52
Ol Büsum 57
Graf Rudolf vun de Bökelnborg (1145) 58
Aflohnt 59

De junge Wętfru 59
Sünndagsruh 60
De Sünndagmorgen 61
Dat Dörp in Snee 70
Min Platz vær Dær 71
Abendfręden 72
In'e Fremdn 73
He sä mi so vęl 74
Min Anna is en Ros'
  so rot 75
Wi gungn tosam to Feld,
  min Hans 76
In'n Klockentorn babn
  Karkenbæn 77
Ünnermeel 78
Verlarn 81
Min Port 82

Vær de Gærn

Dit Book is mi leef 84
Hęwelmann 84
Anna Susanna 85
Priamel 85

Detelf

Erstes Kapitel 86
Drittes Kapitel 79
Achtes Kapitel 92
Neuntes Kapitel
    Auszug 110

Trina

Auszug 1 111
Auszug 2 123
Auszug 3 128

Min Jungsparadies

Auszug 133

Um de Heid

Auszug 136

De Heisterkrog

Süderwisch [2. Gesang] ... 139

Hundert Blätter

Wie traulich war das
    Fleckchen 147
O wüßt ich doch den Weg
    zurück 147
Ich sah als Knabe Blumen
    blühn 148

Regenlied 149
An Theodor 150
An Alexander von
    Humboldt 150

Gelegenheitsdichtung

Festgedicht für Chor-
gesang zur Einweihung
des Nord-Ostsee-Kanals
(21. Juni 1895) 151

Vorwort *Quickborn* (1852) .. 153

Briefe über Hochdeutsch und Plattdeutsch

Sechster Brief 159
Siebenter Brief 161
Neunter Brief 165

Eine Lebensskizze

Auszug 169

Brief an Louise Petersen ... 171

Quellenverzeichnis 175

Glossar 180

Geleitwort des Präsidenten des Schleswig-Holsteinischen Landtages im Klaus-Groth-Jahr 2019

Liebe Leserinnen und Leser,

wer dieses Buch zur Hand nimmt, der liest Texte, die vor weit mehr als hundert Jahren geschrieben wurden. Und doch berühren uns die Worte, wir erkennen darin unsere schleswig-holsteinische Landschaft wieder, die Stimmungen und Gefühle sind uns nicht fremd.

Hier liegt der besondere Zauber der Dichtkunst von Klaus Groth: der zweifellos bedeutendste Schriftsteller niederdeutscher Sprache war geerdet und bodenständig im besten Sinne des Wortes. Deshalb ist er uns auch heute, 200 Jahre nach seiner Geburt, immer noch so nah.

Wer die Gedichte Groths liest, der findet alle menschlichen Gefühle abgebildet – da finden sich die Liebe, der Schmerz, die Trauer und die Freude. Da finden sich aber auch die leisen Zwischentöne des Lebens etwa in der Betrachtung der heimatlichen Natur. Diese Vielfalt der lebensnahen Schilderung des Alltags ist es, die Klaus Groth zu einem zeitlosen Dichter macht und das vorliegende Lesebuch zu einem Werk der „Literatur", das weit über den Begriff der Heimatliteratur hinausgeht.

Wer dieses Buch liest, der erkennt die identitätsstiftenden Merkmale Schleswig-Holsteins. Die Charaktere der Menschen, geprägt von ihrer Heimat, werden durch die niederdeutsche Sprache in einmaliger Weise literarisch abgebildet.

Ich wünsche allen Leserinnen und Leser viel Freude, besinnliche, humorvolle und auch melancholische Momente mit diesem Buch.

Klaus Schlie

Vorwort zur zweiten Auflage

Im Klaus-Groth-Jubiläumsjahr 2019 fand mit großzügiger Unterstützung des Schleswig-Holsteinischen Landtags und seines damaligen Präsidenten Klaus Schlie am 17. September ein Festakt zu Ehren des Dichters im Landeshaus in Kiel statt, auf dem die vom Landtag geförderte Erstauflage des Klaus-Groth-Lesebuchs ausgegeben wurde. Dieses Lesebuch sollte viele Leserinnen und Leser für das grothsche Werk interessieren. Es ist sehr erfreulich, dass eine Neuauflage notwendig wurde.

In den vergangenen Jahren kam das Lesebuch in Universitätsseminaren und andernorts zum Einsatz. Es konnte hoffentlich dazu beitragen, Groths Texte wieder bekannter zu machen. Jede Lektüre in dieser Auswahl lässt neue Entdeckungen zu und erweist Groths Texte als sensible literarische Stimme des 19. Jahrhunderts. Der grothsche Humanismus ist in allen Texten und vornehmlich in der Erzählprosa uneingeschränkt spürbar.

Das Lesebuch präsentiert sowohl den niederdeutschen als auch den hochdeutschen Groth, legt den Schwerpunkt aber auf niederdeutsche Quickborn-Lyrik und niederdeutsche Erzählprosa. Neben die hochdeutsche Lyrik treten Sachtexte über niederdeutsche Sprache und Literatur, autobiografische Zeilen sowie ein Brief.

Groths Textschaffen umkreist stets die Reliterarisierung des Niederdeutschen – einmal in praktischer Umsetzung, einmal in theoretischer Reflexion. Zu diesem Programm gehören auch sein mit Karl Müllenhoff entwickeltes orthografisches System, das unverändert beibehalten wurde, sowie die Erläuterung des niederdeutschen Wortschatzes in Glossaren. Das Glossar des Lesebuches wurde für die Neuauflage erweitert. Die Textauswahl und die Textverteilung auf die einzelnen Seiten sind unverändert, so dass beide Auflagen nebeneinander verwendet werden können. Alle Texte wurden abermals durchgesehen, Druckfehler sind korrigiert.

Möge nun auch die zweite Auflage des Klaus-Groth-Lesebuches viele Menschen erneut oder erstmals an die zeitlosen Texte und ihre kunstvoll gestalteten Sprachformen heranführen.

Flensburg im Januar 2025, Robert Langhanke

Robert Langhanke

Klaus Groth, das Niederdeutsche und ein Lesebuch

Wenn von Autorinnen und Autoren zu reden ist, die aus Schleswig-Holstein stammen, über Schleswig-Holstein geschrieben haben oder dort gewirkt haben, spricht manches dafür, den Dithmarscher Klaus Groth als den schleswig-holsteinischsten Dichter zu begreifen. Diese Zuschreibung begründet sich durch seine Themen und seine Sprachwahl, die sich nach seinem Literaturverständnis einander bedingen. Klaus Groth gestaltete in niederdeutscher Sprache eine ihm vertraute schleswig-holsteinische Lebens- und Menschenwelt, die so nur in dieser Sprache, der alten Landessprache, zu vergegenwärtigen war. Für das Verständnis dieses einmaligen literarischen Projekts, dem Groth sein Leben widmete, wird umrissen, wer Klaus Groth war und welchen Herkunftsbedingungen er unterlag, für welche Literatursprache er sich entschied, was er mit ihr verwirklichte und welche Wirkung er erzielte.

Als Groth am 1. Juni 1899 in seinem Haus am Kieler Schwanenweg verstarb, war sein Ruhm unübersehbar groß. Er gehörte zu den führenden Dichterpersönlichkeiten des Kaiserreichs, was sich weniger in einer fortgesetzt reichen Textproduktion als in einer großen Wertschätzung der zu weiten Teilen seit bald fünfzig Jahren vorliegenden Lyrik äußerte, zu der sich auch das deutsche Kaiserhaus gern bekannte. Als Klaus Groth am 24. April 1819 in Heide, vielmehr im Handwerkerstadtteil Lüttenheid, als ältester Sohn der gut gestellten, aber gesellschaftlich auch klar dem Kleinbürgertum zugehörigen Eheleute Anna Christina und Hartwig Groth auf die Welt kam, schien sein Weg vorgezeichnet – eine Übernahme der väterlichen Mühle und der kleinen Landwirtschaft hätten ein gutes Auskommen gesichert. Groths Lebensweg sollte jedoch die gesellschaftlichen Grenzen des 19. Jahrhunderts ebenso aufzeigen wie die Möglichkeiten zu deren Überwindung.

Früh zeigte sich eine Hochbegabung Groths, die er selbst in seinen autobiographischen Schriften als unbändige Wissbegierde schilderte. Zuerst förderte ihn sein Großvater, der Obbe, der das Sinnbild eines lebensweisen Menschen bleiben sollte, und auch die Eltern verlangten keine Entwicklung von ihm, die ihm nicht zusagte – gleichwohl fehlte es an geeigneten Fördermöglichkeiten. Im Rückblick war es jedoch genau dieses Erleben einer kleinbürgerlich-kleinstädtischen, auch ländlichen und immer plattdeutschen Lebenswelt, die Groth später den Weltruhm verschaffen sollte. Die niederdeutsche Sprache wurde in Groths Elternhaus selbstverständlich und selbstbewusst mit Leben gefüllt, denn in den ersten Jahrzehnten des 19. Jahrhunderts war das Hochdeutsche noch nicht als gesprochene Sprache in das Alltagsleben der Kleinbürger und der Landbevölkerung vorgedrungen. Dieser selbstbewusste Umgang mit dem Plattdeutschen – dem Niederdeutschen – musste eine Grundlage Groths späterer Dichtung bilden, eine andere Grundlage ergab sich durch seine fortwährende Lektüre hochdeutscher Literatur.

Nach der Konfirmation wurde er 1835 Schreiber beim Kirchspielvogt in Heide, und 1838 ging er auf das damals einzige schleswig-holsteinische Lehrerseminar in Tondern in Nordschleswig, wo er das Lehrerexamen 1841 als Zweitbester bestand. Das waren die höchsten offiziellen Bildungsziele, die Groth erreichen konnte, und für einige Jahre war er erfolgreich als Mädchenschullehrer in Heide tätig, wohnte wieder zuhause und sparte sein Gehalt für ein erträumtes Studium in Berlin, für das ihm jedoch als Voraussetzung das Abitur fehlte. Seine Schülerinnen unterrichtete er in allen Fächern, auch in hochdeutscher Sprache und Literatur, und in Heide trug er maßgeblich zur Ausgestaltung eines bürgerlichen Vereinswesens in den 1840er Jahren bei. Daneben setzte er seine umfassenden autodidaktischen, auch Naturwissenschaften betreffenden Studien fort, ohne jedoch ein klares Ziel fassen zu können. Diese Belastungen mussten 1847 zu einem auch durch ein unglückliches Verliebtsein beförderten Zusammenbruch führen, der zum Wendepunkt in Groths Leben und in der niederdeutschen Literaturgeschichte werden sollte.

KLAUS GROTH, DAS NIEDERDEUTSCHE UND EIN LESEBUCH

1847 ging Klaus Groth für zunächst sechs Wochen, doch es sollten sechs Jahre werden, zu seinem Studienfreund Leonhard Selle in Landkirchen auf Fehmarn. In der Abgeschiedenheit von dessen Lehrer- und Organistenhaus entwickelte Groth in den Jahren, als Schleswig-Holstein von der erfolglosen Erhebung gegen die Vormachtstellung des dänischen Königs erschüttert wurde, das Konzept einer niederdeutschen Lyrik, die zu einer erneuerten Wahrnehmung der Sprache und ihrer Sprecher führen sollte. Literatur in plattdeutscher Sprache gab es, nachdem die mittelalterliche und frühneuzeitliche Schreibsprachentradition längst abgebrochen war, bereits wieder seit dem Ende des 18. Jahrhunderts. In Groths Geburtsstadt Heide selbst war bereits Sophie Dethleffs mit einigen erfolgreichen plattdeutschen Gedichten als Autorin hervorgetreten. Groth, immer noch auf der Suche nach dem Ventil für seine umfassenden Talente, die er nicht über ein wissenschaftliches Studium bändigen konnte, erkannte, dass auf dem Gebiet einer neuen niederdeutschen Literatur mehr zu erreichen wäre als bisher unter Beweis gestellt worden war. Ein Ausgangspunkt war seine breite Kenntnis hochdeutscher Literatur, die nun eine Folie bilden konnte für Themen und Formen niederdeutscher Dichtung.

Nie zuvor und selten danach wurde ein so hoher Anspruch an die schriftsprachliche Gestaltung des Plattdeutschen gerichtet wie von Klaus Groth. Dabei war dieser literarische Plan durchaus heikel. Die Deutschen waren im 19. Jahrhundert bestimmt durch den Wunsch nach der Bildung einer Nation, nach der Überwindung der konkurrierenden Kleinstaaten. Erreicht schien das Streben nach Einheit bereits spätestens seit der Weimarer Klassik in der geschriebenen hochdeutschen Sprache der Dichtung und der Wissenschaft, die nun zunehmend auch Einfluss auf die gesprochene Sprache des Alltags nahm und die landschaftlichen Dialekte zumindest im städtischen Bürgertum mehr und mehr verdrängte. Zu dieser Vorstellung einer einheitlichen, verbindenden Kultursprache gesellte sich das im 19. Jahrhundert bestimmende Konzept einer Nationalsprache, das eine politische und kulturelle Einheit durch Sprache vorsah und abweichende Sprachformen und Gruppen rigoros ausschloss. Dieser Idee konnte Groth sich nicht entgegenstellen, und so wurde er nicht müde zu betonen, dass eine niederdeutsche Literatursprache keine

Konkurrenz zur hochdeutschen Literatursprache, aber doch ein kulturelles Anrecht des Niederdeutschen und auch ein fortwährender Impulsgeber der Hochsprache sei. Wenn Groth damit auch nicht alle grundsätzlichen Kritiker der fortwährenden Existenz von Dialekten beruhigen konnte, war es doch die Qualität seiner niederdeutschen Texte, die einer niederdeutschen Literatursprache spätestens jetzt einen festen Platz im nationalen Kulturbetrieb und in der weltliterarischen Überlieferung und Wirksamkeit sichern sollte.

Das Verdienst des Erreichens dieses Zieles kommt Groths Lyriksammlung *Quickborn* zu, die einer der erfolgreichsten Lyrikbände der deutschen Literatur des 19. Jahrhunderts war und bis heute über eine ganz erstaunliche Präsenz verfügt. Im November 1852 erschien der zunächst kleinformatige Band bei einem Hamburger Verleger, nachdem Groth fünf Jahre lang an den Texten und ihrer Zusammenstellung gearbeitet hatte und vor allem auch eine regelrechte Vermarktungsstrategie gestartet hatte, um dem *Quickborn* von Anfang an eine akademische und eine populäre Aufmerksamkeit zu sichern. Diese Rechnung ging auf, und der Band erlebte in den 1850er- und 1860er-Jahren einen beispiellosen Erfolg, der sich zudem kontinuierlich fortsetzen sollte – der Bestseller war auch ein Longseller, und Klaus Groth der Erneuerer neuniederdeutscher Dichtung. Hargen Thomsen hat dem Erfolg des *Quickborn* im Jubiläumsjahr 2019 eine umfassende Monographie gewidmet (vgl. Thomsen 2019).

Was mag nun das Geheimnis dieses *Quickborn* sein, der bis heute Leser in den Bann schlägt und im 19. Jahrhundert in der schleswig-holsteinischen Landbevölkerung nur als ‚dat Book' bekannt war – das Buch, in dem man das aufgeschrieben und gestaltet fand, was das eigene Leben oder die Idealvorstellung davon ausmachen konnte. Groth selbst formulierte bereits im ersten Vorwort des *Quickborn*, das er in den Folgejahren durch eine ganze Reihe theoretischer Schriften flankieren sollte, die Leitideen seines Vorgehens, die sich auch nicht mehr verändern sollten. Es ging ihm darum, „die Ehre der plattdeutschen Mundart zu retten" (Groth 1853/1852, S. VII), und die Sprache und das Leben der allgemeinen Bevölkerung gleichsam ‚ästhetisch zu veredeln': „Das Gebiet der schriftlichen Anwendung des Plattdeutschen sind poetische Darstellungen

aus dem Volksleben, worin das Volk sich selbst idealisirt kennen lernt."
(Groth 1853/1852, S. VIII) Dieses didaktische Vorhaben wurde von den
Lesern im Land tatsächlich angenommen.

Ein Schlüssel zur Wirksamkeit des *Quickborn* ist die Tatsache, dass er
von den bürgerlich-akademischen Schichten im gesamten deutschen
Sprachraum hochinteressiert und auch mit emotionaler und politischer
Beteiligung aufgenommen wurde, und dass er ebenso von der Landbevölkerung in Schleswig-Holstein als ein Ausdrucksgeber ihres Lebens
und ihrer Sprache verstanden wurde. In Schleswig-Holstein wurden viele *Quickborn*-Gedichte, insbesondere die liedhaften Texte, volkstümlich
– der Name des Autors trat hinter die breite Wirkung seiner Texte zurück,
die bis weit in die zweite Hälfte des 20. Jahrhunderts hinein anhielt. In
gleichsam natürlicher Tradierung wurden Texte wie „Matten Has'", Min
Jehann" und „Min Platz vær Dær" weitergegeben und vor allem auch
durch zahlreiche Vertonungen in den Köpfen der Menschen gehalten. In
der Gegenwart sind diese Vermittlungswege nahezu abgerissen. Groths
Lyrik muss wieder bewusst ein Teil des Deutsch- und nun auch des modernen Niederdeutschunterrichts werden.

Auch in der Schule hatte die *Quickborn*-Lyrik bereits seit den 1850er Jahren ihren festen Platz gewonnen, bot sie doch die Möglichkeit einer ästhetisch abgesicherten Auseinandersetzung mit dem Niederdeutschen,
das ansonsten von der Schule bis in die jüngste Gegenwart hinein als
ein Hindernis hochsprachlicher Bildung als gesprochene Sprache weitgehend abgelehnt wurde. Als Literatursprache erschien Plattdeutsch jedoch gleichsam gezähmt.

Im akademischen Diskurs hat Groth frühe und umfassende Würdigung
erfahren, so erhielt er bereits 1856 eine Ehrendoktorwürde der Universität Bonn, 1858 eine Privatdozentur an der Christian-Albrechts-Universität zu Kiel und 1866 eine ehrenvolle Titularprofessur für sein Wirken an
jener Universität. Mit größerer Entlohnung und eigentlicher akademischer Anerkennung war das jedoch nicht verbunden, so dass der Autodidakt Groth seine eigenen akademischen Ziele nicht erreichen konnte,
zunehmend aber auch erkannte, dass ihm die Lebensgestaltung eines

gut vernetzten Dichters besser lag als die eines zurückgezogenen Wissenschaftlers.

Ab 1853 lebte Groth, zunächst gefördert von einer Gruppe bürgerlicher Bewunderer und ab 1859 als Familienvater, in Kiel, und er gestaltete das Kulturleben in Kiel in der zweiten Hälfte des 19. Jahrhunderts entscheidend mit. In seinem Haus am Kieler Schwanenweg gingen ab 1866 musikalische und literarische Größen der Zeit ein und aus; so verbanden ihn enge freundschaftliche Beziehungen mit Johannes Brahms und Theodor Storm. In ein kulturhistorisches Netzwerk der Jahre zwischen 1850 und 1900 ist Klaus Groth fest eingebunden, und sowohl das Feuilleton als auch zahlreiche Kollegen nehmen insbesondere in den 1850er und 1860er Jahren lebhaft Anteil an seinem Wirken. Über die Jahrzehnte wird er vom beliebten literarischen Wunderkind zum ehrfurchtsvoll betrachteten Nestor der niederdeutschen Literatur mit internationalen Verbindungen und mit einer geachteten Stimme im nationalen Literaturbetrieb. Dazwischen liegen einige Jahre, in denen der Mecklenburger Fritz Reuter (1810–1874) ihm mit seinen noch erfolgreicheren niederdeutschen Romanen fast den Rang abzulaufen schien. In der Rückschau erweist sich das parallele, auch konkurrierende Wirken der beiden klassischen neuniederdeutschen Autoren zwischen 1853 und 1874 als der notwendige Ausdruck einer Vielfalt niederdeutscher Literatur, der es in der Folge nie wieder gelang, einen derart großen gesellschaftlichen und kulturellen Einfluss zu erzielen wie in jenen Jahren.

Klaus Groths *Quickborn*, der von Kurt Batt (1962, S. 258) als „der für die deutsche Literatur einzigartige Fall einer lyrischen Monographie einer deutschen Landschaft" gerühmt wurde, besticht durch seine große formale und inhaltliche Vielfalt. Eine Verengung der Sammlung auf eine Rückschau auf die Kindheit, die einige berühmt gewordene Texte wie den „Min Jehann" betrifft, ist ebenso wenig zutreffend wie eine Fokussierung auf tierbezogene Dichtung, wie sie der „Matten Has'" bietet. Es gibt kaum eine Emotion, die im *Quickborn* nicht literarisch gestaltet wird, und seine Themenvielfalt lässt eine ganze Welt aufscheinen. Diese Welt ist verortet in dithmarsischer Lebens- und Sprachwelt in den vorindustriellen frühen Jahrzehnten des 19. Jahrhunderts, die schon den Lesern des späteren 19. Jahrhunderts märchenhaft entrückt vorkommen mussten. Liebesgedichte wechseln sich ab mit Balladen, Sprüche folgen auf Schilderungen sozialer Ungleichheit und tierischer Lebenswelt. Der empathische Blick für das Detail ist ein Merkmal des *Quickborn*, dessen Figuren sensibel auf die Natur und ihre Mitmenschen reagieren. In der letzten Strophe des berühmten „Min Jehann" wird der Unerreichbarkeit vergangener Lebenswelten eindrücklich Ausdruck verliehen: „Mitünner in'e Schummertid, / Denn ward mi so to Mot. / Denn löppt mi't langs den Rügg so hitt / As domals bi den Sot. / Denn dreih ik mi so hasti um, / As weer ik nich alleen: / Doch allens wat ik finn, Jehann, / Dat is – ik sta un ween." Dieser Stimmung von Abschied und Sehnsucht haben sich die Leser des *Quickborn* nie ganz entziehen können, und nicht von ungefähr sieht Groth am Ende seines Lebens auch das Niederdeutsche vollkommen auf dem Rückzug – eine Einschätzung, die sich in dieser Radikalität nicht bewahrheiten sollte, woran auch das Werk des Dichters seinen Anteil hat.

Die Tatsache, dass Groths literarischer Ruhm fast allein auf dem *Quickborn* ruht, deutet jedoch auch das rezeptionsgeschichtliche Scheitern einiger weiterer, mindestens ebenso anspruchsvoller Texte an. So schrieb Groth mehrere umfassende niederdeutsche Prosaerzählungen und einige kunstvolle Verserzählungen, aus denen insbesondere *De Heisterkrog* von 1871 hervorragt. Während sich einige Kritiker positiv zu diesen Texten äußerten, trafen sie kaum den Geschmack des breiteren Publikums, da sie weniger auf überraschende und umfassend motivierte Handlungen als auf Landschafts-, Menschen- und Situationsschilderungen in einer komplexen Literatursprache setzen, in der sich viele Leser noch üben mussten. Auch die Forschung hat diese Texte bisher nur selten gewürdigt – es gibt im Werk Klaus Groths sprachlich und inhaltlich noch immer sehr viel zu entdecken. Das gilt auch für das hochdeutsche lyrische Werk des Dichters, das vor allem durch Liedvertonungen, insbesondere durch Johannes Brahms, in die Kulturgeschichte eingegangen ist. Unter anderem im Diskurs mit Theodor Storm aber kultivierte auch Klaus Groth selbst nach 1860 zunehmend die Ansicht, dass das Niederdeutsche seine eigentliche literarische Ausdrucksform sei, in der er es auch zu einer unbestrittenen Meisterschaft gebracht habe. Klaus Groth war sich seiner Bedeutung bereits zu Lebzeiten sehr bewusst und bemühte sich stets um eine angemessene Würdigung seiner Leistungen. Die größte biografische Bestätigung konnte er ab 1859 in der glücklichen Ehe mit Doris Finke, die jedoch bereits 1878 an einer Tuberkulose verstarb, finden, mit der er vier Söhne aufzog, von denen er zwei ebenfalls früh verlor. Der Familienvater Klaus Groth tritt als engagierter und empathischer Förderer entgegen, der nach dem frühen Tod seiner Frau allein für drei noch minderjährige Söhne verantwortlich war. Mit Doris verband ihn die Liebe zur Musik und zur Literatur, so dass die Zeugnisse dieser Ehe eine außergewöhnliche Beziehung auf Augenhöhe dokumentieren. Seine Freundschaften zu Johannes Brahms und Theodor Storm stehen für weitere auch künstlerisch produktive Verbindungen, die Groth als Freund und als Vermittler seiner Literatur zeigen. Brahms' bedeutende Vertonungen hochdeutscher Gedichte Groths haben diese im Kulturgedächtnis fest verankert. Unendlich viele weitere Vertonungen begleiten und vermitteln das lyrische Werk des Dichters.

Groths Lebensweg von Heide über Fehmarn nach Kiel, der Werdegang des Kleinbürgersohns zum berühmtesten niederdeutschen Dichter und zu einer der großen Persönlichkeiten der deutschen Kulturgeschichte des 19. Jahrhunderts kann exemplarisch gelesen werden für die Grenzen und Möglichkeiten dieses langen 19. Jahrhunderts. Seine niederdeutschen Texte haben ihre Wirkung nicht verloren und haben die im 20. und 21. Jahrhundert aufgerufenen Förderungen für das Niederdeutsche erst ermöglicht. Diese Reliterarisierung (Wiederverschriftlichung) hat Niederdeutsch als Kultursprache wieder sichtbar gemacht, und dieser Verdienst, da war sich bereits Groth selbst sicher, wird bleiben, da jede neue Lesergeneration ihren neuen und eigenen Zugang zur einzigartigen Welt des *Quickborn* finden kann.

Das Lesebuch wählt aus dem skizzierten umfassenden Werk aus. Vornehmliche Berücksichtigung finden die niederdeutsche Lyrik und Prosa, aber auch hochdeutsche Lyrik und Sachprosa sind vertreten. Niederdeutsche Sachprosa, die Groth nur sehr vereinzelt vorlegte, konnte keine Aufnahme finden. Die erste Abteilung des Lesebuches bildet der *Quickborn*. Über bekannte und unbekanntere Gedichte von unterschiedlicher Form und Thematik wird die Vielfalt der Sammlung aufgezeigt, aus der auch die längere Verserzählung „Hanne ut Frankrik" und das erzählende Langgedicht „De Sünndagmorgen" aus dem Zyklus „Familjenbiller" vollständig übernommen sind. Tragische und humoristische Stoffe, Liebe und Abschied, der Einzelne in der Gesellschaft, Mensch und Natur sowie Fabelstoffe stecken das Spektrum ab, das durch die spruchähnliche Lyrik *Vær de Gærn* ergänzt wird.

Im Falle der umfangreichen Erzählprosa wurde darauf verzichtet, eine kürzere Erzählung komplett abzudrucken. Stattdessen charakterisieren umfangreiche Ausschnitte das Potenzial der bedeutenden Langerzählungen oder auch Kurzromane *Detelf* und *Trina*. Ein näherer Nachvollzug der Gesamthandlung kann sich nicht einstellen, doch kommt die Auswahl von Erzählteilen der Wirkungsweise der Texte durchaus nahe. Groths Erzählen gestaltet wiederholt Exkurse und Detailschilderungen, die aus einem Handlungszusammenhang heraustreten können. Ein besonderes Augenmerk soll der eindrücklichen, humanistischen Schilderung der Grausamkeit des Krieges im achten Kapitel des *Detelf* gelten. Das Potenzial der Erzählungen *Min Jungsparadies* und *Um de Heid* wird durch kleine Ausschnitte illustriert. Das Denken an den Weg nach Tellingstedt rahmt das *Jungsparadies* ein, während der Bewusstseinsstrom des nach einem Unfall geschwächten Thieß Thiessen aus *Um de Heid* die beeindruckenden und modernen Möglichkeiten des grothschen Erzählens illustriert.

Der zweite Gesang „Süderwisch" aus der Verserzählung *De Heisterkrog* zeigt die große Sprachbeherrschung der Versepen Groths und bringt zugleich die sprach- und kulturhistorisch interessante Vorgeschichte des Heisterkrog genannten Hofes Süderwisch und somit des Handlungsortes zu Gehör. Insbesondere die Funktionen und Bilder des Friesischen werden im zweiten Gesang reflektiert.

Die hochdeutsche Lyrik steht im Schatten des niederdeutschen Werks, hat aber durch zahlreiche Vertonungen, so von Johannes Brahms, einen festen Platz im Kulturgedächtnis behalten. Ein kleiner Eindruck von Groths hochdeutscher Dichtung kann gegeben werden.

Große Aufmerksamkeit gilt seiner hochdeutschen Sachprosa. Erstmals kommt außerhalb einer älteren *Quickborn*-Ausgabe sein wichtiges Vorwort zur ersten Auflage des *Quickborn* von 1852 vollständig zum Wiederabdruck, das in konziser Weise sein gesamtes niederdeutsches Literaturprogramm bündelt und das durch spätere Schriften nur variiert, jedoch nicht mehr ergänzt wird. Die anschließend abgedruckten drei Briefe aus den bekannten *Briefen über Hochdeutsch und Plattdeutsch* bringen einige öfter zitierte Einschätzungen über das Niederdeutsche.

Ulf Bichel und Reinhard Goltz haben in dem verdienten Band *Memoiren* Groths zahlreiche autobiographische Schriften zugänglich gemacht. Ein übernommener Ausschnitt aus Groths früher *Lebensskizze* zeigt seine kürzlich auch von Hargen Thomsen (2019) wieder herausgestellte Selbststilisierung auf und führt dennoch oder gerade deswegen zugleich näher an die Persönlichkeit des Dichters heran.

Das umfassende Briefwerk Klaus Groths wurde noch nicht vollständig erschlossen. Für das Lesebuch wurde aus der Briefausgabe der *Sämtlichen Werke* ein Brief an eine langjährige Korrespondenzpartnerin der Familie, „Tante" Louise Petersen aus Garding, ausgewählt, der einen illustrativen Einblick in Groths Berufs- und Privatleben, in sein Denken und seine Themen gibt.

Auf eine umfassende Kommentierung musste verzichtet werden, doch lässt sich ein gutes Verständnis auch über den Textbestand und seine Kombination herstellen. Das Quellenverzeichnis am Ende des Lesebuchs nennt die Ausgangspublikationen, die in der Regel auch weitere Kommentierungen bieten, auf die hingewiesen wird, und bemüht sich um eine kurze Einordnung der gewählten Textausschnitte, die im Lesebuch ganz für sich wirken mögen. Das abschließende kurze Glossar bringt orientiert an den bestehenden Glossaren anderer Ausgaben einige Vokabelhilfen. Viele weitere niederdeutsche Wörter lassen sich sprachlich und kontextuell erschließen, zur mutigen Lektüre sei nachhaltig aufgerufen. Als Sonderzeichen verwendet Groth das sogenannte ‚Häkchen-ę' oder

‚geschwänzte ę' zur Kennzeichnung eines sehr offenen langen *e* Lautes, vergleichbar einem langen *ä*-Laut, und die Ligatur von *a* und *e* (æ), die einen sehr offenen *ä*- bis *ö*-Laut – eigentlich *öä* – kennzeichnet. Seine Orthographie erhebt den Anspruch, den Dialekt möglichst lautnah abzubilden. Der Tradition folgend, bringt das Lesebuch die von Klaus Groth und Karl Müllenhoff in den 1850er Jahren ausgearbeitete Orthographie, die Groth als eine seiner wichtigsten Leistungen erachtet hat und die als erste systematische orthographische Grundlegung des Neuniederdeutschen zu gelten hat.

Das Lesebuch ist eine Einladung zu einem umfassenden und bedeutsamen, in der Summe aber doch überschaubaren Gesamtwerk, das zu den großen literarischen Leistungen des 19. Jahrhunderts gehört und die wichtigste literarische Leistung neuniederdeutscher Sprache darstellt. Lesend erschließen sich Sprache und Welt einer Literatur von historischer Bedeutung, großer rezeptionsgeschichtlicher Nachwirkung und geradezu bestechender Aktualität und Bewusstseinsschärfe. Groths Menschenschilderungen haben eine überzeitliche Wirkungskraft.

Der kleine Band ist den reichhaltigen Ergebnissen der Klaus-Groth-Philologie der vergangenen Jahrzehnte verpflichtet; besonders hervorgehoben seien hier die Arbeiten von Inge Bichel, Ulf Bichel, Reinhard Goltz, Joachim Hartig, Dieter Lohmeier, Richard Mehlem und Friedrich Pauly sowie jüngst von Barbara Scheuermann und Hargen Thomsen. Dem Schleswig-Holsteinischen Landtag, der Klaus-Groth-Gesellschaft, dem Verlagshaus Boyens und Bernd Rachuth gilt herzlicher Dank für die umfassende Unterstützung des Projekts.

Möge das Lesebuch zum einen den Kennern Groths manche Wiederentdeckung ermöglichen und zum anderen neuen Lesern eine bisher unbekannte literarische Welt erschließen. Nur dann, wenn Groths Texte auch gelesen und weitergegeben werden, bleiben Dichter und Werk lebendig und offen für Fragen und Antworten.

Literaturhinweise zu Klaus Groth

Primärliteratur

Groth, Klaus: Quickborn. Volksleben in plattdeutschen Gedichten dithmarscher Mundart nebst Glossar. Mit einem Vor- und Fürwort von Oberconsistorialrath Pastor Dr. Harms in Kiel. Hamburg 1853. [Erschienen 1852].
Groth, Klaus: Quickborn. Mit Holzschnitten von Otto Speckter. Neu herausgegeben von Ulf Bichel. 4. Auflage Heide 2016.
Groth, Klaus: Vertelln. Hrsg. v. Ulf Bichel und Reinhard Goltz. Heide 2001.
Groth, Klaus: Memoiren. Hrsg. v. Ulf Bichel und Reinhard Goltz. Heide 2005.
Groth, Klaus: Briefe über Hochdeutsch und Plattdeutsch. In: Klaus Groth: Über Sprache und Dichtung. Hrsg. v. Ivo Braak und Richard Mehlem. Heide 1981 (Klaus Groth. Sämtliche Werke, Bd. 6), S. 67–137. [Erstausgabe 1858].
Groth, Klaus: Briefe. Aus den Jahren 1841 bis 1899. Hrsg. v. Ivo Braak und Richard Mehlem. Flensburg/Hamburg 1963 (Klaus Groth. Sämtliche Werke, Bd. 7).
Groth, Klaus: Gesammelte Werke. 4 Bände. Kiel und Leipzig 1893. 11. Auflage Kiel und Leipzig 1924.
Groth, Klaus: Sämtliche Werke. 6 Bände. Hrsg. v. Ivo Braak und Richard Mehlem [Band 1 hrsg. v. Friedrich Pauly]. Flensburg [1954]–1965. 2. Auflage [Bände 1–6] Heide 1981.

Sekundärliteratur

Batt, Kurt: Nachwort. In: Klaus Groth. Quickborn. Hrsg. v. Kurt Batt. Rostock 1962, S. 251–263.
Batt, Kurt: Die Auseinandersetzung mit Klaus Groth. In: Kurt Batt: Fritz Reuter. Leben und Werk. Rostock 1967, S. 210–226.
Bichel, Ulf: Klaus Groth, seine Leistung und seine Wirkung. In: Klaus-Groth-Gesellschaft. Jahresgabe 12 (1970), S. 7–31.
Bichel, Ulf: Niederdeutsche Dialektliteratur in Schleswig-Holstein. In: Klaus-Groth-Gesellschaft. Jahresgabe 30 (1988), S. 123–138.
Bichel, Ulf: Klaus Groth in seiner und in unserer Zeit. Ein Vortrag im Klaus-Groth-Museum, Heide. In: Klaus-Groth-Gesellschaft. Jahresgabe 39 (1997), S. 9–24.
Bichel, Inge/Bichel, Ulf: Klaus-Groth-Bibliographie. Unter Verwendung der Vorarbeiten von Rudolf Bülck, Rudolf Cauer und Joachim Hartig bearbeitet von Inge und Ulf Bichel. Hrsg. v der Niederdeutschen Abteilung des Germanistischen Seminars der Christian-Albrechts-Universität zu Kiel. Kiel 2009. [Laufende Fortführung im Internet auf den Seiten der Universität Kiel].
Bichel, Inge/Bichel, Ulf/Hartig, Joachim: Klaus Groth. Eine Bildbiographie. Heide 1994 [Klaus-Groth-Gesellschaft. Jahresgabe (36) 1994].
Detering, Heinrich: Melancholie und Memoria. Klaus Groths Gedichte in ihrer Epoche. In: Klaus-Groth-Gesellschaft. Jahresgabe 42 (2000), S. 11–30.
Eiben-von Hertell, Jörg: Lyrik. In: Gerhard Cordes und Dieter Möhn (Hrsg.): Handbuch zur niederdeutschen Sprach- und Literaturwissenschaft. Berlin 1983, S. 412–435.
Goltz, Reinhard: Vor fünfzig Jahren: Die Gründung der Klaus-Groth-Gesellschaft. In: Klaus-Groth-Gesellschaft. Jahresgabe 41 (1999), S. 121–126.
Höhne, Peter: Gesungene Gedichte. Klaus Groth und seine Komponisten. 2. Auflage Hamburg 2011.
Jørgensen, Peter: Die dithmarsische Mundart von Klaus Groths ‚Quickborn'. Lautlehre, Formenlehre, Glossar. Kopenhagen 1934.

Klaus-Groth-Gesellschaft. Jahresgabe/Jahrbuch (KGGJ) 1 (1955) bis 67 (2025), wird fortgesetzt.

Langhanke, Robert: Zur literarischen Wiedersichtbarmachung des Niederdeutschen im 19. Jahrhundert. Konzepte und Konflikte der niederdeutschen Reliterarisierung. In: Robert Langhanke (Hrsg.): Sprache, Literatur, Raum. Festgabe für Willy Diercks. Bielefeld 2015, S. 479–536.

Langhanke, Robert: Zur Bedeutung Klaus Groths für die niederdeutsche Sprachgeschichte. In: Markus Hundt und Alexander Lasch (Hrsg): Deutsch im Norden. Varietäten des norddeutschen Raumes. Berlin und Boston 2015 (Jahrbuch für Germanistische Sprachgeschichte, Bd. 6), S. 319–349.

Langhanke, Robert: Zum 200. Geburtstag von Klaus Groth. Fragen an die niederdeutsche Literaturgeschichte, Antworten für die niederdeutsche Sprachgeschichte. In: Korrespondenzblatt des Vereins für niederdeutsche Sprachforschung 126 (2019), S. 38–49.

Langhanke, Robert: Leben, Werk und Rezeption des niederdeutschen Dichters Klaus Groth. In: Jürgen Grote, Barbara Scheuermann und Dieter Stellmacher (Hrsg.): Ratzeburg – Inselstadt an der Grenze Mecklenburgs. Rostock 2020 (Beiträge der Fritz Reuter Gesellschaft, Bd. 30), S. 81–100.

Langhanke, Robert: Dichtung als Quelle. Klaus Groths *Gesammelte Werke* und das *Schleswig-Holsteinische Wörterbuch* als eine (zu?) fruchtbare Beziehung. In: Antje Dammel und Markus Denkler: Großlandschaftliche Dialektwörterbücher zwischen Linguistik und Landeskunde. Wien und Köln 2024 (Niederdeutsche Studien, Bd. 66), S. 133–178.

Langhanke, Robert/Rachuth, Bernd/Siems, Werner (Red.): Klaus Groth. Jubiläumsmagazin zum 200. Geburtstag. „An Heben seil de stille Maan". Hrsg. v. der Klaus-Groth-Gesellschaft. Heide 2019.

Lohmeier, Dieter: Nach dem Scheitern der Schleswig-Holsteinischen Erhebung: Klaus Groths "Quickborn". In: Klaus-Groth-Gesellschaft. Jahrbuch 58 (2015), S. 13–24.

Meier, Jürgen: Erzählende Dichtung. In: Gerhard Cordes und Dieter Möhn (Hrsg.): Handbuch zur niederdeutschen Sprach- und Literaturwissenschaft. Berlin 1983, S. 436–465.

Mensing, Otto (Hrsg.): Schleswig-Holsteinisches Wörterbuch. (Volksausgabe). 5 Bände. Neumünster 1925–1935, 1. Nachdruck Neumünster 1972, S. Nachdruck Neumünster 1985, seit 2022 online erreichbar über die Internetpräsenz der Universitätsbibliothek Kiel.

Müllenhoff, Karl: Glossar nebst Einleitung. In: Klaus Groth: Quickborn. Volksleben in plattdeutschen Gedichten ditmarscher Mundart. Dritte sehr vermehrte und verbesserte Auflage. Mit einem Glossar nebst Einleitung von Prof. K. Müllenhoff. Hamburg 1854, S. 259–331.

Scheuermann, Barbara: Die „plattdeutschen Scribenten" Groth, Reuter und Brinckman im literarischen Diskurs ihrer Zeit. Versuch einer multimodalen Perspektivierung. In: Jahrbuch des Vereins für niederdeutsche Sprachforschung 140 (2017), S. 143–176.

Scheuermann, Barbara: Klaus Groth – ein ‚poeta philologus'? ein ‚poeta doctus'? In: Klaus-Groth-Gesellschaft. Jahrbuch 61 (2019), S. 11–44.

Stammler, Wolfgang: Geschichte der niederdeutschen Literatur von den ältesten Zeiten bis auf die Gegenwart. Leipzig und Berlin 1920 (Aus Natur und Geisteswelt, Bd. 815).

Thomsen, Hargen: Klaus Groths *Quickborn*. Eine unglaubliche Buchkarriere. Hrsg. v. der Klaus-Groth-Gesellschaft. Heide 2019.

Thomsen, Hargen: Dichtung aus gespaltenem Bewusstsein. Einige Gedanken zu Klaus Groths Quickborn. In: Niederdeutsches Jahrbuch 143 (2020), S. 154–163.

Thomsen, Hargen: Klaus Groth – Umriss eines Dichterlebens. In: Klaus-Groth-Gesellschaft. Jahrbuch 62 (2020), S. 103–108.

QUICKBORN

Min Modersprak

Min Modersprak, wa klingst du schön!
  Wa büst du mi vertrut!
Weer ok min Hart as Stahl un Steen,
  Du drevst den Stolt herut.

Du bögst min stiwe Nack so licht
  As Moder mit ęrn Arm,
Du fichelst mi umt Angesicht,
  Un still is alle Larm.

Ik föhl mi as en lüttjet Kind,
   De ganze Welt is weg.
Du pust mi as en Værjahrswind
   De kranke Boss torecht.

Min Obbe folt mi noch de Hann'
   Un seggt to mi: Nu bę!
Un „Vaderunser" fang ik an,
   As ik wul fröher dę.

Un föhl so deep: dat ward verstan,
   So sprickt dat Hart sik ut.
Un Rau vun'n Himmel weiht mi an,
   Un allns is wedder gut!

Min Modersprak, so slicht un recht,
   Du ole frame Ręd!
Wenn blot en Mund „min Vader" seggt,
   So klingt mi't as en Będ.

So herrli klingt mi keen Musik
   Un singt keen Nachdigal;
Mi lopt je glik in Ogenblick
   De hellen Tran hendal.

Min Jehann

Ik wull, wi weern noch kleen, Jehann,
Do weer de Welt so grot!
Wi seten op den Steen, Jehann,
Weest noch? bi Nawers Sot.
 An Heben seil de stille Maan,
 Wi segen, wa he leep,
 Un snacken, wa de Himmel hoch
 Un wa de Sot wul deep.

Weest noch, wa still dat weer, Jehann?
Dar röhr keen Blatt an Bom.
So is dat nu ni mehr, Jehann,
As höchstens noch in Drom.
 Och ne, wenn do de Scheper sung,
 Alleen int wide Feld:
 Ni wahr, Jehann? dat weer en Ton!
 De eenzige op de Welt.

Mitünner in'e Schummertid,
Denn ward mi so to Mot.
Denn löppt mi't langs den Rügg so hitt
As domals bi den Sot.
 Denn dreih ik mi so hasti um,
 As weer ik nich alleen:
 Doch allens, wat ik finn, Jehann,
 Dat is – ik sta un ween.

As ik weggung

Du brochst mi bet den Barg tohöch,
De Sünn, de sack hendal:
Do säst du sachen, dat war Tid,
Un wennst di mit enmal.

Do stunn ik dar un seeg opt Holt,
Grön in'e Abendsünn,
Denn seeg ik langs den smallen Weg,
Dar gungst du ruhi hin.

Do weerst du weg, doch weer de Torn
Noch smuck un blank to sehn;
Ik gung de anner Sid hendal:
Dar weer ik ganz alleen. –

Nös heff ik öfter Afsched nam',
Gott weet, wa mennimal!
Min Hart, dat is dar baben blębn,
Süht vun den Barg hendal.

Sneewittchen

Harr min Hanne Stęweln an,
So leep se in'e Stuv,
Un harr min Hanne Flünken an,
So flog se as en Duv.

Un flog se as en witte Duv
Un sett sik op'n Pal,
So repen alle Kinner lud:
Sneewittchen, kumm hendal!

##Ręgenleed

Ręgen, Ręgen, drus',
Wi sitt hier warm in Hus'!
De Vageln sitt in Bom to kurn,
De Köh, de stat an Wall tu schurn:
Ręgen, Ręgen, drus',
Wi sitt hier warm in Hus'!

Ręgen, Ręgen, rusch,
Wa rükt dat ut den Busch!
De Blöm, de hangt so slapri dal,
De Böm, de röhrt de Blæd ni mal:
Ręgen, Ręgen, rusch,
Wa rükt dat ut den Busch!

Ręgen, Ręgen, sus'
Vun baben op uns Hus,
Vunt Dack hendal in striken Strom
Un lisen ut den Eschenbom:
Ręgen, Ręgen, sus'
Vun baben op uns Hus.

Ręgen, Ręgen, rull,
Bet alle Gröben vull!
Denn lat de Wulken æwergan,
Lat de Sünn wedderkam':
Ręgen, Ręgen, rull,
Bet alle Gröben vull!

QUICKBORN

An de Maan

Wat will He mi int Finster lüstern?
Ik seet je ganz tofręden in Düstern
Un hör min braten Appeln grüstern,
– Dat mag ik gern –
Un wull mi ębn en Piep anpüstern
Un spikeleern.

Ik weet ni, seeg ik Em sodenni,
So ward mi op en Art elenni,
Mi kamt, ik mark ni recht wadenni,
De Rimelsch op
Un brummt mi, as de Im, lebenni
Herum in Kopp.

Dat treckt mi rein mit Macht na't Finster,
As weer't wat rechts, wat buten glinster,
Un dreiht mi denn en Barg Gespinster
Værn Ogen rund –
Ik kenn ni „heure" oder „winster",
Ik dwattsche Hund.

Ik weet wul, dat He allns ant Band hett,
Wat phantaseert un keen Verstand hett,
As Rimers, oder wat en Brand hett
Bi'n Hochtid kręgn,
Doch dacht ik nich, dat He de Hand sett
An'n plattdütsch Bręgn.

Wi sünd je ganz un gar vernünfti
Un mank de Rimsmęd nich mal zünfti
Ok hebbt wi jümmer unvernünfti
Węl Klei to knędn;
So bę ik, lat He mi inskünfti
Man ganz tofrędn.

He lurt vun mi wul op sin Kringel?
He meent, Em hört sin Deel Geklingel
Vun jede Nachdigal un Singel-
trüdjen, wat rimt,
Un denkt, man sleiten ut den Swingel,
Wenn man't versümt.

Ik heff man hört, dat He dat gern süht
Un em dat smödi um'e Neern tüht,
Wenn man notdrefti in'e Feern süht
Na sin Gesich –
Un denn een fleit as op en Scheerntüt,
Recht barmhartig.

Uns feilt darto man ganz de Snawel,
Wi seggt en Keesmess to en Sawel,
Un Fork un Gaffel to en Gawel,
Wi sünd wat drulli,
Wi sünd warafti ni cumpawel
Un gar to knulli.

He treckt je doch dat ganze Land um
Un slept dat Weltmeer op'n Strand rum,
He kriggt op Hochdütsch sacht sin Quantum
Vun blödige Tran;
Wie hebbt umt Hart en mischen Band rum
Mit Pukers beslan.

Vertreck He sik man ut de Marsch rut
Un nęhm He man en anner Marschrout,
Dat nimt sik plattdütsch gar to narrsch ut,
Dat Maanschinfewer:
Wi seggt uns Menung grad un barsch rut,
Frisch vun'e Lęwer.

He schint uns gar to bleek un swęweli,
Wi sünd ton Snuckern gar to knęweli,
Bi Hartenssmarten gar ni hęweli,
Vun Art wat bari,
As Neocorus sin Landslü „wręweli
Un drehari".

He hört ok, wenn ik Em eens singen dę,
Wa weni dat na'n Swölapp klingn dę,
Dat war, je höger ik mi swingn dę,
Man jümmer græwer,
As wenn en Buck int Spanntau springn dę
Koppheister æwer.

So lat He mi min Appeln grüstern
Un ruhi simeleern in Düstern
Un mi min Pip un Für anpüstern
Un bræsi smöken,
Un mak He mi ni warm un lüstern,
Dat Glück to söken.

Grotmoder

Grotmoder nült in'n Læhnstohl
Un hollt de Huspostill.
Ik weet ni, wat de Olsche
Nu jümmer lęsen will!

Se kikt sik dær ęr Brillglas
De Ogn noch redi blind.
Se is noch orri stręwi,
Doch lang ni mehr keen Kind.

Vunmorgens is se gänzli
Verbistert un verbas't,
Se süht ni, dat de Müppe
Ęr an'e Rocken tas't.

Se markt ni, dat de Kater
Ęr in'e Nachmütz slöppt
Un de Kanarjenvagel
Ęr op'e Fingern löppt.

De Sünn schint doch so fründli
Un makt ęr Backen rot:
Du lewe Gott in Himmel –
De Olsche ... de is dot!

QUICKBORN

Hanne ut Frankrik

„Garderut mutt een vertelln, se weet je so'n nüdlige Stückschen!"
Seggt Anngreten un smustert un pult in'e Lamp mit den Knüttwir,
Schult dat Gesicht mit de Hand un kikt na de Eck achtern Kachlabnd.
„Da's ni umsunst, dat ik kam! Vunabnd is en Wedder, dat dull is!
„Harr Jehann Paul mi ni holn, bi de Farwer sin Eck weer ik wegweiht;
„Awer ik weet ni, wa't kumt, is de Kæk rein, mutt ik na'n Klingbarg!"
Seggt se un glupt na de Bank, wo Paul sitt so stramm as en Halsbinn',

Paul weer de Bruer sin Sæn, un Greten ęr Vader weer Węwer,
Un se węv em en Kęd, noch finer as Harstid en Spinnwipp,
Fein un mit dammasten Inslag, un spol em nu fast, dat en Lust weer;
Awer bi Garden an Barg, dar knütt se de Fisseln to't Fangnett.

Dar weer dat Jungvolk ęr Börs', de Anwass lehr dar dat Smöken.
Sünndags keem Hans mit'e Fleit, denn petten se ok wul en Danz af,
Un achter Pęrmark in Heid, so öben se hier sik de Leder.

Jüst as Anngreten no snack, do schall der ant Finster en Fottritt,
Denn knarr de Klink un de Dær, un en Baßstimm tramp sik den Snee af,
Grappel na'n Dreier, tręd in un stunn as en Bom vær de Stubndær.
„Hartwi!" – „Gunabend, Anngret! Gardrutjen, wat is dat en Sneejagd!
„Dat di! de Döwel swingt Flass un smitt uns dat Schęv um'e Ohren.
„Sieh doch! Jan Paulohm dar ok? de Haspel is jümmer bi't Spinnrad!"

„Hatti", fallt Greet em int Wort, „ik będ ębn ol Garden um'n Märken,
„Awer se's stumm as en Stock, se hett wul vundag' nich ęrn Guden."
„Märken?" lacht Hartwi, „man to! man recht en ol Stück ut de Muskist!
„Weet se noch Garden? so'n Dünjen as dat vun de Diern, de sik dot ween,
„Oder as dat, wo de Kęrl mit blödige Tran noch en Bref schrev!
„Och, dat's so röri to hörn, – vær allen, wenn man daran wackelt,
„Un wenn Anngreten dat Klun söcht un gau ünnerwęgens de Ogn wischt.
„Och, so'n barmharti Geschicht – is söter as Sucker un Tittmelk!"

Darbi vertrock he den Mund un schür sik de Næs mit sin Jackslipp.
Greten smeet snippsch mit den Kopp, un Paul mak en Flip as en Geestrun;
Awer Gertrude war dull un scholl op den węligen Unchrist:
Scham di wat, Hartwi, du Sleef! de Spott is de Böse sin Angel!
Mennig een stichelt so lang, bet em sülsten de Natel int Hart stickt;
Fatst du em an, geit he deper, un treckst du em ruter, so blöttst du!
Lat di noch warschun in Tiden: de Ævermot kumt vær'n Fallen.
Weer ni de Püttjer sin Hans? dat weer ok jümmer so'n Wissnut,
Rappmuli weer he un spöttsch un jümmer vull Witzen un Faxen:
Drill he de Dierns bi den Danz, so brü' he de Oln bi de Arbeit;
Lewer to Mark as to Kark, un sin Globen sin deftigen Knaken.

„Hol di an Tun", weer sin Wort, „de Himmel is doch nich to recken!"
Awer nu hollt dat sik wat! nu humpelt he lahm un an Krücken.

Doch du büst ni so slimm, di stękt man mitünner de Fettdun.
Faßlabnd – dat weer di so'n Streich – den Snider in'n Kohlhof to smiten!
Harr he de Lęden verrenkt, so war he di knipen in'n Zwickmæl!

So sünd de Jungen, Gottleider! se weet nie vær Węl, wat se opstellt,
Un ward wi stuklig un old, so sünd wi tofrędn, wenn wi Ruh hebbt. –

Seggt se, as weer se alleen un snack mit ęr egen Gedanken,
Mummel un schütt mit den Kopp un nül' sik tosam in ęrn Læhnstohl.
Unner den Koppdok seegn 'n paar Spilen vun isgraue Haar rut,
All de Runzeln warn deper, as jüs dat Licht op'e Back schin
Un as dat knækrige Kinn in de knækrige Hand op'e Bost full.
Ganz verdeept in sik sülm, so huck se in Dutten un gruwel,
Mummel un schüttel den Kopp un krau sik de Back mit 'n Finger.

Hartwi sett sik an'n Disch, un Greten knütt as en Uhrwark,
Seeg sik ni op un ni um un hör ni, wat Hartwi ęr topust.
Garderut kenn' se opt Prick, de leten se ruhi betęmen,
Harr de ęr Schur æwerstan, so rich se sik op as en Wichel,
Bögt se sik, brickt se doch nich, un will se sik richen, so knarrt se.

„Gærn weet ni, wat se bedrivt, un jammert denn, wenn dat to lat is!
Eerst stöt se't Glück mit de Föt un sammelt de Stück denn mit Tranen.
Awer de Oln ward ni hört!" – un darbi glup se na Hartwi,
Wa he dar seet as en Eek un bi em Anngret as en Hofros'
Un ęr oln Ogen warn blank, un de runzligen Backen warn glatter.

As ik noch jung weer, so klæn se, un allnagrad rich se sik höger,
Lepen wi jümmer bi'n Discher un spunn' unse Flaß in'e Warkstęd.
Dar harrn wi't Rik denn alleen, wenn de Oln in Dörnsch al to Bett weern.
Dat's nu al menni Dag hęr, al lang vær de Brand in'e Burstrat.

Wo nu de Kaspelvagt wahnt, stunn do en prächtiges Burhus,
Orndlich en Pump in'e Strat un en Blomhof vært Finster mit Stackelsch.
Witt as en Krid weern de Stipers un jede mit Grön op'n Tippel,
Un op'e Pump weer en Steern un baben an Gęwel en Inschrift,
Ok en Kastanje vær Dær mit en Bank rum, in Schatten to sitten.

Keemn wi int Fröhjahr ut Feld, so seegn wi den Bom al vun feerns,
Dicht besett vun'e Blöm un rund as in Winter en Sneebarg.
Gungn wi denn dweer ævern Karkhof un keken bi'n Steen dær de Porten,
Seegn wi so sęker as wat – as babn an de Karkwand de Sünnuhr –
Ünner den Bom op'e Bank ol Mumme alleen mit de Kalkpip.
He harr uns bannig in Schock, denn plücken wi Blöm in sin Grashof,
Darmit so stov he herut un smeet na uns Dierns mit de Nachmütz.
Ik weer noch Kind un weer schu, un hör ik em slurrn op sin Tüffeln,
Flog ik, as harr ik wat sehn. – Ik seeg em noch jümmer in'n Kneebüx,
Sülwerne Spangn an'e Sit un de Strümp as en Dischdęk so sauber.
He goll vær rik as en Steen un weer sęker en schęwigen Gizhals.
Lüttje Lüd trocken ęrn Hot bet na Eer, wenn he blot an'e Mütz tück.
Bi em keem der keen Minsch as dann un wann de Persepter.
Oft snack he lud bi sik sülm un krau mit de Kalkpip int Nackhaar,
Schov sik de Mütz int Gesich un rev sik de Steern mit de Fingern:
Ole Lüd plegden to seggn, he rev sik sin Fru int Gewęten.
De weer vær Jahrn al storben, man meen, vær Kummer un Hartleed,
Awer de Armen un Swachen, de drogn ęr noch lang int Gedenken.

Se weer en finere Fru, as sunst sik na'n Dörpen herutfinnt,
Hochdütsch kunn se un all, un lidsam weer se un weekli,
Rein so bleek as en Lik un swartli vun Haar un vun Ogen.
Mellersche plegg mi to seggn: se weer as en Mutter Maria.
Wat ęr Familie weer, dat kregen wi nümmer to węten:
Mumme weer fröher op Scholen un broch ęr mit sik ut Dütschland.
Æwerflot harr se genog, doch kümmerli gut vun ęr Lęben:
Welk se doch hin as en Lilg int fette Land sünder Ręgen.

Een lütt Diern leet se na, de weer ęr as ut't Gesicht snędn:
Jüs so düster vun Haar un smętsch un rank as en Pappel,
Un vun Backen so fin as en Blatt ut en Knuppen vun'n Maandros'.
Mumme nöm ęr Johanna, un wi sän wul Hannchen ut Frankrik.
O! wa weer dat en Diern! wa kunn se lęsen un będen!
Un wat harr se en Stimm! un wa stunn' ęr de Knoern tum Danzen;
Awer se harr ok wat kost an all dat Papier un de Böker,
Un bi Persepter alleen – ik löv, he nöm dat Privatstunn.
Noch na de Confermatschon, dat weer uns min Dag noch ni værkam',
Gung se des Abends na Schol un drog langs dat Dörp mit ęr Böker.
Schrad gegn de Schol wahn de Discher; de Warkstęd gung na de Strat rut.
Seten wi dar denn in Schummern, so keken wi ræwer dært Finster;
Denn seet se iwrig un lęs', un de Psepter lę ęr de Schrift ut,
Wis' mit'e Finger int Bok un gruwel un teken Figuren,
Fech mit de Arms, stunn op un tippel ęr nös op'e Backen.
Keek se denn op na de Ol, so weer se doch jüst as en Engel,
Un de Persepter so blid, as harr he en Narrn in ęr fręten.

Spęln dę se weni as Kind: dat kunn ol Mumme ni liden,
Utgan – dar gev he nich um, un sin Hus – dar weer uns dat gruli.
As wi nu opbędn harrn – Johanna weer wücke Jahr jünger –,
Kreegn wi ęr kum mehr to sehn, as nößen des Abnds bi'n Persepter
Un op'e Strat dann un wann, wenn se hingung oder to Hus leep.
Værjahrs – dat twete darna – se harr Winters værher in'e Kark będn,
Seetn wi ok Schummern to spinn' – dat weer jüst so luri int Wedder,

Summer un Winter, de scheedn sik, an Hęben hung swar en Gewitter –
Dat's mi noch jüst as vundag' – un all de Finstern weern apen –
Wi sungn: „Willkommen, o sęlger", dat weer do vær korten eerst opbrocht, –
Sieh! dar keek een int Finster, un jede reep: Hannchen ut Frankrik!
Alle weern still as en Mus, un dat Singn keem op eenmal int Stocken,
Awer se będ uns mit eens: wi muchen dat Leed doch to Enn' bringn.

„Hannemus! kum doch mal rin!" reep do de Möller sin Trinken,
„Süh, dat Gewitter kumt op, denn hollt de Persepter keen Lehrstunn;
„Hier sünd wi hartli vergnögt, denn wüllt wi dat Leed ok to Enn' singn."
Darmit so leep se hinut un trock ęr an Arm in'e Warkstęd.
„Na! denn man los!" sä se denn, un sett sik in Eck op'e Snibank;
Un as wi anneren sungn, do hör se un wisch sik de Ogen.
„Wat's dat en köstliches Leed!" so frei se sik, as wi dat ut harrn.
„Awer nu mutt ik to Stunn, dat Wedder kumt doch ni ton Utbruch,
„Un de Persepter ward bös, wenn so'n groten Scholjung noch schulnleep."
Darmit wünsch se Gunnacht un trippel schreeg æwer de Strat weg,
Sä ok, wennt' wedder so pass, so keem se en Abend mal wedder.

Mank uns jungn Lüd, de der keem, weer ok de Möller sin Vetter,
'n Bengel, as weer he di dreiht un smuck, as ut Kokendeeg wültert.
Börtig weer he ut Möldorp un gung dar Jahren op Scholen,
Awer sin Moder weer storbn, un nu wull he lehrn op en Tierarzt.
Bi sin Vetter, de Möller, dar seeg he na't Plögen un Seiden,
Un bi de Mękelnborgsch Smid, dar öv he sik in op dat Smęden.
Na un na war he bekannt un keem ok mitünner bi'n Discher –
Niederträchti un net, un lehr uns de nüdligsten Leder.
Jümmer gung he in'n Rock mit en goldrot Band um'e Mütz rum,
Eersttid ok mit en Snurrbart, doch harr he den widerhen afnahm'.
Trinaken much em wul liden, en ehrumlütt sä se: min Vetter;
Un wi æwrigen meen', dat war mit de Tid wul en Brutpaar:
Trina weer drall un adrett, ęr Vader weer Möller un Krogweert;
Gev he em Geld to studeern, so gev he em sęker sin Dochder. –
Keemn se, so keemn se tosam, un gungn se, so gungn se mitander.
„Trinaken" achter un vær, mitünner ok „lüttje Cousine".

Abends darop, as wi spunn', wer wedder keem, weer unse Hannchen,
Set in'e Eck op'e Bank un hör na uns Pappeln un Lachen,
Plæter ok sülbn mal eens mit un dęd, as wenn se dermank hör –
Hermann un Trinaken ok, un Trinaken bi ęr to ficheln.
Bald keem keen Schummern int Land, dat Paar keem tosam achtern Dik um,
Hanne gung linglangs de Strat – un dropen sik jüst bi den Discher.

Och wat weern dat vær Abends, wa weern wi fröhli und glückli!
Alle noch junk un vergnögt un kennen keen Grillen un Sorgen!
Jümmer snacken un lachen, as wenn der keen Tall und keen Enn' weer. –
Hannchen harr allerlei lęs't un sprok mit Hermann ut Böker,
Un se vertelln sik de Räuber, dat weer en gruliges Schuspel.
Hannchen harr dat man lęs't, un Hermann harr't sehn opt Theater:
Wa dar een Broder den Broder bedröwt, bet de een in'e Krieg geit,
Un wat sin Brut to Hus weent un de anner mit Listen ęr værsnakt,
Wa he sik schändli verstellt un sin liefligen Vader in'n Torn smitt,
Dat he lebenni verhungert, un wa nu de anner to Hus kumt,
As Räuwerhauptmann, un wa he em finn' deit un ruttreckt – sin Ole,
Un de Bedreger sik dot stickt und darob lebenni na Höll fahrt:
O! dat weer gruli to hörn, een kropen de Gręsen den Rügg lank ...
Wat ik man seggn wull – mitünner so sungen de beiden en Stückschen,
Hannchen so fin as en Swölk, un Hermann en Stimm, dat de Stuv klung;
Alltosam hörn wi denn to, un wunnern sik, wa dat doch mæglich.

Gegen de Aarn hinut muss Trina en Tidlank to Hus blibn.
Denn ęr Vader weer Möller un de Tid gewöhnli na Heide
Oder na Möldorp to Mark, un Mittwęks na Marsch op den Handel,
Ok weer der sunst wat to don, un een harr genog an'e Weertschop.
Hermann stell sik doch in, un wi annern all as gewöhnli.
Hannchen ęr Mod weer dat al, to Hus mit de beidn achtern Dik um,
Un as Trina nu fęhl, spazeerten de twee der settander,
Hannchen an Hermann sin Arm, un snacken – as junge Lüd Bruk is.
Mal ins do gungn se ok weg – dat weer op'n Sünndag vært Jahrmarkt –
Och, ik weet't noch so gut! wi snacken des Abends vunt Danzen,

QUICKBORN

Wa wi na'n Möller hin wulln, un wanehr un wasück un wadenni,
Un wi sticheln op Hermann, ob de uns den Block ok wul afneem,
Durn ok all æwer Hanne, dat se des Abnds ni ut Hus kunn.
Peter Wilhelm un ik – de später min sęlige Mann weer –
Seten noch ruhi to snacken – de twee gungn jümmer wat fröher,
Dat ol Mumme sik inbild', sin Dochder keem vun Persepter –
Seten noch ruhi to klænen – mit eenmal flog di de Dær op,
Störtt dar een rin na de Stuv un lingelank hin op'n Fotborrn,
Leeg dar un wülter sik rum un schreeg un harr sik vertwifelt.
Wilhelm reep: „Hermann, wa is di! wat feilt di, wat hett di bedrapen?
Kumm in'e Höch un sta op un segg uns, wat is der ver'n Unglück?
Is der een dot oder krank? Is Trinaken Möllersche dot blębn?"
Darmit brok dat herut: „Johanna!" un „Hanne! min Hanne!"
Ween he ni lud as en Kind, un weer doch en Kęrl as en Eekbom,
Snucker un kunn sik ni faten un wander herum in'e Warkstęd.
Wilhelm weer gänzli entzückt – doch ik harr al lang de Gedanken,
Dach und dich in min Sinn; wenn dat man en glückliches Enn' nimmt!
Och! nu harrn wi de Not! un dat Unglück tręd æwern Drüssel!

Allnagrad keem em de Sprak, un he sä uns de ganze Geschichte:
Hannchen un he weern sik gut un harrn sik dat lang apenbaert;
Trinaken wuß der nix af, de harr he geschick achtert Licht föhrt;
Geld muß sin Vetter em gębn, sunst kunn he op Scholen keen Land sehn,
Harr he wat lehrt un weer Tierarzt, so dacht he em tru to betalen;
Awer sin Dochder to nęhm', dat weer em vun Harten ni mæglich.
Mumme? dat weer ni to denken, as wenn he en Mann weer, de Brot harr, –

Ęben weern se nu beid achtern Dik gan un harrn dat bespraken.
Gungn bet na Mæl an'e Brügg, wo dicht ant Stęgelsch de Bank steit,
Setten sik dal in Gedanken un bu'n sik en glückliche Tokunft,
Gänzli vergęten un sęli, un een mit de Arm um de anner:
Mutt dar ni jüst de Böse de Trina na'n Waterbęk rutföhrn,
Oder en Fikenvertellersch, de Annerlüd Niigkeit todriggt –
Sęker kunn he't nich seggn, doch hör he in Drom as en Ammer,
Denn stunn in Maanschin en Schatten, un vær em – sin Vetter, de Möller:

Hest du mi, kannst du mi! süh! un lacht as de Döwel bi'n Schandpahl,
Fangt an to schantern un schelln un „Kumm mi man nie æwern Drüssel!"

Ruhi hört he em an, as en Sünner dat Heider Constoren;
Doch as he Hannchen beschimpt, ęr breet vært Stęgelsch in Weg tritt,
As he ęr „Minsch" nömt un „So een" un Trina ęr Kopp um'e Eck schult,
Stiggt em de Gall in'e Bost un löppt em de Lus lank de Lęwer:
Kriggt den Möller to faten un smitt em koppheister in'n Mælnbęk.
Hanne schriggt op un darvun, un he löppt in Rasen na'n Discher.

Nu weer gude Rat dür! de Möller kunn jüst ni verdrinken,
Awer de Unglückskinner un all dat Jammern un Hartleed!

Mumme war je katholsch, denn de Möller war je nich swigen!
Un wi dachten an Hanne ęr unglücksęlige Moder;
War ęr dat ęben so gan, so leeg se wul bald op'n Karkhof.

Awer de grötste Not, de weer mit den rasenden Hermann!
Kum mit Vertellen to Enn', so smeet he sik æwer de Snibank,
Denn sprung he op un leep rum un sä, he wull glik na ol Mumme,
Warrn kunn nu doch nix ut em, so wull he denn Bös und Gewalt don.

Wilhelm tüsch em un będ em, un ik weck de Discher sin Vader –
De harr en anslägschen Kopp, harr reis't, weer old un vernünfti –
Sä em gau de Geschich un vertell em dat, as he sik antrock,
Będ em vun Himmel to Eer, he schull doch sin Best don, wat mægli.

Gutharti hör he mi an, doch schüttel he oft mit den Graukopp,
Gung denn herin na de Warkstęd un söch ok Hermann to trösten.
„Nich to hasti, min Sæn, wull weet, wa allens sik dreihn kann!"
Sä he un fat em de Hand un tippel em sach op'e Backen.
Eerstan weer he ok still, doch full he bald wedder int Rasen,
Slog sik un fluch op sik sülbn un harr sik, as wull he sik umbringn.
Endli keem he to Ruh, un wi menen, nu kunn dat noch gut warrn,
Dachden gar nich daran, wa vęl dar sunsten noch tohör.

Bleek as en Lik seet he dar un trock sik de Mütz in'e Ogen,
Stunn denn op un gung rut, wi leten em ruhi betęmen,
Dachten, he war sik besinn' un seten gedülli to töben.

As wi so lurn un lurn, de Tid war länger un länger,
Hermann keem ni torügg, wi wussen nich, wa dat wul togung,
Schicken wi Wilhelm herut, dat he na seeg, wo he doch afblev.
Wilhelm ruter un seeg un söch un nöm em un reep em –
Gung noch den Hof langs und pral – de ni antworten dę, dat weer
                                                                    Hermann.
Weg weer he, weg as verweiht, Gott wuss, wo he stabn oder flagn weer.
Annern Dags fragden wi rum un söchden in Söd un in Dik na,
Dachten noch jümmer, he keem, verfeern uns, wenn abends de Dær gung,
Sproken von nix as vun em – de ni wedderkam' dę, dat weer Hermann.

Eerst weern all as verlaten, de Discherwarkstęd as utstorbn.
Allnagrad keem wi wull wedder, doch wull dat min Dag' ni mehr flaschen.
Nößen vertell uns en Slachter, de fette Ossen heropbroch,
He harr in Hamborg een sehn vun Buart jüst as de Tierarzt –
So war he nömt vun de Lüd, – he weer em bi'n Eck ut Gesich kam'.

Hannchen weer ok as verswunn' un keem mit keen Fot æwern Drüssel.
Wi harrn en Schrecken un Angst, ol Mumme much ęr wat to neeg don.
Krüschan, de Farwer, de Ol, de nu so krumm un so stif is,
Weer do en hennigen Jung un flink op'e Been, as en Vagel,
De muss denn öfter to Węg' un rin in Kastanje to luern.
Denn vær de Wahnstuv weern Luken, un dicht bi de Pump leeg de
                                                                    Kędnhund.
Nix weer dært Lichtlock to sehn as Mumme sin Mütz un de Kalkpip,
Jümmer in Eck op sin Stohl, un allens so still as en Beenhus.
Mumme sin Knechen un Dierns harrn ęr Stuv rut na'n achtern bi'n Pesel,

De kunn' uns ok nix vertelln, un en arm Diern muß wul swigen.
Dat weer en Stukel un dof, witlöfti vun Mumme sin Fründschop,
Keem ok int Jahr ni to Strat un eet ęr barmhartige Gnadbrot.

QUICKBORN

As ik ęr doch enmal drop bi'n Kopmann, wo Mumme Taback hal,
Wink ik ęr to mit'e Hann' un schreg in'e Ohren: Johanna!!
Och! wat mak se'n Gesich un keek, as wenn se verblixt weer,
Neem denn de Eck vun'e Schört un wisch sik de Ogen un sä denn:
„Weent jümmer los, jümmer los" – un mit dem so streek se ut Hus rut.

So vergung wul en Jahr, min Wilhelm un ik geben Hochtid,
Grotvader Discher blev dot, un de Möller trock ræwer na't Holsten,
Allens war anners un still, un bi Mumme dar grön de Kastanje.
Ik un min Mann weern tofręden un jümmer den Dag lank bi't Arbeidn,
Sproken ok selten vun Hanne: dat weer uns, as wenn se begravt weer.
Do mal en Morgen, noch fröh, ik stunn bi de Tassen to waschen,
Kumt dar de junge Barbeer, de sik hier in Winter erst sett harr,
Kumt un læhnt sik ant Schapp, min Mann weer ok vun sin Kunden,
Hett sik und deit sik so wichtig, as wenn he den Fręden in'n Sack harr,
Seggt: „Nu weet ik wat Nies: ol Mumme sin Dochder schall'n Mann
hemm."
Slog mi dat doch op'et Hart as de Dunner bi helligen Sünnschin!
Full mi de Tass ut de Hand un entwei, un ik frag em: Wokeen denn?
Rat enmal, seggt he un grint, un na Nælen un Dweren un Quälen
Keem denn doch endli de Kater tum Sack rut: de Vullmacht sin Steefsæn!
Dat weer keen boshaften Minschen, doch mi weer't en Bengel tum Bręken,
Dræni un tauli un tæsi un rech as een vulle Verstandskist:
Gras hör he wassen, un Geld kunn he rüken un allens besiweln;
Næswater nöm' wi em jümmer un ok wull Herr Vullmach sin Handlamm.
De un Hannchen? – dat weer mi, as kreeg de Prinzessin den Kohharr,
As uns wull Märkens vertellt – wo de Kohharr sik awer verwandelt.
Disse seet fast in sin Hut, de war sik gewiß ni mehr pöppen,
Weer al so drög in'e Wickeln, as anner Lüd hoch in'e Föffdig.

Awer de Bengel harr Geld un Utsicht to'n wichtige Arfschop;
Mumme bęręken sin Zinswert un keek na't Gesich op'e Speetschen.

Doch ik much dichen und denken, un dat ni mægli un mægli:
Enige Węken derop, do stunn' se tosamen vær'n Altar. –

QUICKBORN

Bręken vull weer de Kark; se stegen op Stöhl un op Banken,
Kopp an Kopp bet na't Chor, un Persepter, de spęl op'e Orgel.
Hanne kunn ik ni sehn vær all de Minschen un Kinner;
Awer as se torügg keem un langs den Stig na de Dær gung,
Sän de Kinner: Wa witt! un wücke sän: Mutter Maria!
Och, dat drop mi de Seel, un ik slog de Ogen na baben,
Süh! un seeg den Persepter, de æwert Geländer herafkeek;
Och! wa schov he sin Kapp, de ol Mann, un wa bitterli ween he!
Un as se alle herut weern, do spęl he noch lisen: „Was Gott tut."

―――

Jahren verlepęn un kemen, dat weer in'e grulige Kriegstid,
Nix as vun Krieg un vun Krieg un von Bonpart un all, de he dot slog,
Eerst ut de Feern un Avisen un bald darop neger un neger.
Denn keem de schreckliche Winter vun Vertein un mit em de Russen,
Nößen de Dütschen un Spanjer, Franzosen un all, wat en Nam' harr.
Nargens en blibende Stęd, un dat Volk, as wenn't jümmerlos umtrock.
Denn keem de Brand in'e Burstrat, de't halwe Dörp in'e Asch lę;
Mumme sin Hus brenn ok af, mitsamt de grote Kastanje.
Mumme weer al begrabn bi den Steen, wo ik sunst dær de Port keek,
Un unse Vullmach sin Steefsæn, de kreeg to vęl bi dat Redden.
Kümmerli sük he der hin un leeg ok bald op'n Karkhof.
Gott heff em sęli darna! op Eern harr he weni Vergnögen!
Mumme bruk em as Knecht un stött mit em rum as en Tüffel,
Hannchen much em ni liden un dach wul noch jümmer an Hermann,
Kinner harrn se ok nich, de sunst doch de Harten tosamholt;
Un bi all sin Vernunft un bi all sin Knausern un Schrapen,
As de wirrige Tied keem, verlor he sin Kopp un sin Rikdag',
Mumme harr sülbn nich so vęl, as wi toværn uns wul inbilln,
Arfschop un allens blev ut, de Lasten stegen un stegen,
Rüggwarts gung dat un rüggwarts, bet Föhr un Fähr op'n Sand seet:
Hannchen harr kum noch to lęben, as endli de Burstell verkofft war.

Harstid darop ins en Dag, do heet dat, nu keemn der Soldaten,
'n heel Regiment un so vęl, as wi noch min Lębend ni sehn harrn.

Ik stunn jüst vær de Dær, dat weer en mulleri Wedder,
Gegen Martini un so, de Kreiden spazeern op'e Straten.
As ik so stunn un dat hör un jüst nix Wichtigs to don harr,
Neem ik min Knüttüg in Hand un gung hinop na den Karkhof.
Dar weer do wit hin en Utsich, as Mumme sin Hus noch in Dutt leeg,
Wit langs de Landstrat hentlank bet baben na't Holt an'e Heidbarg.
Richti! dar weern se to sehn, vun Norwold bet dal na de Depen,
Jüst as en Kęd sünner Enn', de de Schipper ut Water heruttreckt.
Al, as de væérsten verswunn' vær de sottigen Muern un Balken,
Keemn wedder nie ut Holt, de ęben de Ogen noch recken.
As ik so keek in'e Feern, ob noch nich de letzten to sehn weern,
Trampeln al Pęr op'e Brügg, wo de Bęk achter Mumme sin Hof leep,
Un in den Ogenblick drop, so keem' ok de eersten tum Værschin
Twischen de Prester un Mumm', wo de enge Strat na de Weg föhrt,
Hoch to Pęr un bestaben, mit rode Röck un mit Säweln,
Reden heran na de Mur un heeln mi tö Föten an'n Karkhof.
Een dervun smeet sik vunt Pęrd un gev en annern sin Tægel,
Steeg denn herop na de Port, as wull he sik ok mal herumsehn,
Lik op mi to, denn ik stunn op den Steen dicht achter de Müer.
He weer en Kęrl as en Esch, mit rode Backen un Snurrbart.
Langsam tręd he hinin un seeg sik um un herummer,
Westen un Süden un Norn, un harr sik, as weer he verbistert,
Söch wat un kunn dat ni finn' un wuß doch, wo he't verlarn harr.
Endli seeg he op mi un de Likensteen, wo ik hendalkeek –
Mumme sin Fru leeg derünner un sleep ęr sęlige Dodsslap,
Un ęr Nam stunn derop, doch leeg der nu Steengrus un Schutt rum
Węgen den gruligen Brand un all dat Fahren un Smiten –
Tręd heran mi un les' mit dütligen Worden: „Johanna . . ."
„Mumme . . ." dat keem der ni rut, so fulln em de Arms na de Kneden,
Sunk em de Kopp op de Bost, un he mummel: „So ruhe denn sęlig!"
Denn keek he op na'n Hęben un stunn mi jüst pall vær de Ogen.

Herr du mein Gott noch mal to! – un weer he ęben lebenni
Unner min lębndigen Föt ünnern kolen Likensteen rutkam:

As ik de Ogen anseeg, so blau, un de brünlige Snurrbart –
Hermann, de Tierarzt, he weer dat! Ik full em to Föten int Steengrus,
Grappel dat Sand vun de Schrift un wis' em: geborene Weinberg."
„Garderut", reep he un kenn mi, „och Garderut, segg mi doch, lęvt se?"
Awer wat kunn ik wul seggn, ik ole barmhartige Sünner?
Stunn ik doch sülbn un snucker un wisch mi de Ogn mit'en Platen,
Fat em an'n Arm, as weer'k stumm un trock em in Bistern vun Karkhof,
Lik æwern Damm dær'n Grasweg, achterum dær bi den Bäcker,
Dal na de niebuten Hüs', wo Johanna den Summer to Hür wahn,
Reet em de Stratendær op un de Stubendær, een mit enanner,
Un noch en Ogenblick drop, do heeln se sik beid in'e Armen." –

Garden sack wedder tohop un bęwer un sä man noch lisen:
„Bald war de Fręden ok slaten, un allens keem wedder int Ole;
„Hermann weer Regimentstierarzt un hal sin Hanne ut Frankrik,
„Fohr mit ęr weg in'e Kutsch un lęv mit ęr glückli in Preißen."

―――

Garderut sweeg un seet still, de Wächter tut ęben to nęgen.
Greten harr Tran'n in'e Ogen un wümpel ęr Knüttüg tohopen.
Hartwi stunn op un wull gan, weer still un deep in Gedanken,
Awer Jan Paul op'e Bank seet stramm un snurk as en Stallkoh.
Greten sä: Lat em slapen, du kannst mi je ok wul to Hus bringn?
Darbi keek se em an, as dęd se em Afbęd vær'n Unrech.
Hartwi weer still as en Lamm, sä lisen: Gunnacht, Mümme Garden! –
Tręd herut in'en Snee un heel Anngreten sin Hand hin.
Doch bi de Farwer sin Eck, dar drück he ęr fast an'en Bossen,
Seggt: Anngret, wullt mi gut węn, so büst du min Anne ut Frankrik.

Bispill

De Mann, de wull liggn,
De Kater wull singn.
Do neem he den Kater
Un smeet em int Water:
Ik will di doch wisen,
Wull Herr in min Hüsen!
Do legg he sik dal
Un sleep as en Pahl.

Do keemn se ganz lisen
In Schün un in Hüsen
Un pipen so lise
Un gnappern de Müse,
Un gnippen un gnappen
Un slicken und slappen
Op Bör' un in Schappen
Vun Schüttel un Teller,
To Bæn un in Keller.
Se eten sin Speck,
Toreten sin Säck,
Se eten sin Metten
Un keemn in sin Betten:
Dar beten de Æs
Den Mann in'e Næs!

Matten Has'

Lütt Matten de Has',
De mak sik en Spaß,
He weer bi't Studeern,
Dat Danzen to lehrn,
Un danz ganz alleen
Op de achtersten Been.

Keem Reinke de Voss
Un dach: da's en Kost!
Un seggt: Lüttje Matten,
So flink op'e Padden?
Un danzst hier alleen
Op'e achtersten Been?

Kumm, lat uns tosam!
Ik kann as de Dam!
De Krei, de spelt Fitel,
Denn geit dat canditel,
Denn geit dat mal schön,
Op de achtersten Been!

Lütt Matten gev Pot.
De Voss beet em dot
Un sett sik in Schatten,
Verspis' de lütt Matten:
De Krei, de kreeg een
Vun de achtersten Been.

Aanten int Water

Aanten int Water,
Wat vær'n Gesnater!
Aanten in Dik,
Wat vær'n Musik!

De Wart is wat heesch: Wat wat wat schüll wi ęten?
Murt, in'e Murt, in'e Grund is dat fett!
Höja! de graue fangt lud an to ręden:
Quark un warm Water! un alle ropt mit.

Aanten int Water,
Wat vær'n Gesnater!
Aanten in Dik,
Wat vær'n Musik!

De Rünnsteen hentlank all int Trünneln un Snappeln!
Barbeent un plattföt un jümmer vergnögt!
Hier is de Kækenguß! Beersupp mit Appeln!
Wackeli, gackeli – süh, wa se sökt!

    Aanten int Water,
    Wat vær'n Gesnater!
    Aanten in Dik,
    Wat vær'n Musik!

Nu op'n Wall! un nu ropt wi de Günner!
Nu kamt se an, un nu gift dat en Snack.
Nu fleegt wi dal, un nu dukt wi uns ünner!
All dat warm Water löppt blank vun'e Nack!

    Aanten int Water,
    Wat vær'n Gesnater!
    Aanten in Dik,
    Wat vær'n Musik!

Wat wat wat wüllt wi? nu wüllt wi na'n Misten.
Hör! se döscht Weten! wi krupt dær de Rill!
Kamt man! man sachden! op Töntjen! mit Listen!
Nückt mit den Kopp un ęt gau un swigt still!

    Aanten int Water,
    Wat vær'n Gesnater!
    Aanten int Stroh –
    Wat vær'n Halloh!

Dar kumt de Kæksch! neiht man ut, brukt de Flünken!
Hoch æwern Tun un koppheister na'n Dik!
Swimm' as de Pocken un flegen as Lünken,
Klok as en Minsch – un so dick! un so dick!

    Aanten int Water,
    Wat vær'n Gesnater!
    Aanten in Dik,
    Wat vær'n Musik!

Spatz

„Lütt Ebbe, kumm ropper, hier babn na de Föst,
Krup ünner, ja kik mal, hier bu't wi en Nest.
Du sittst as Gardrutjen ęr Hahn ünnert Bett,
As en Mus in en Heeddis', wa nett, o wa nett!" –

Du Spitzbov, du Gaudeef, man weg, ga man weg!
Weest noch vergangn Jahr? O wa slech, o wa slech!
Wa seet ik un brö, harr ni Korn oder Kröm,
Un Spatz flog to Dörp, räsonneer in' e Böm.

Du Spitzbov! du Gaudeef! – „Lütt Ebbe, swig still,
Vuntjahr ward't ganz anners: will mi bętern – ik will!
Mi steken de Fettdun – kumm, kik mal, wa schön!
Vuntjahr ward dat anners, schast sehn, schast man sehn!

De Hadbar kumt bald, wahnt uns dicht æwern Kopp,
Bu't en Hus as en Korf, stellt sik baben derop,
Op een Been, opt anner, de Næs in'e Flünk!
Wa klappert he fründli: Gudn Morn, Nawer Lünk!

Un denn schint de Sünn hier lank't Dack rein so blank,
Un denn treckt de Rok hier vun'n Schösteen hentlank,
Un denn kumt Annstina mit Weten un Kaff:
Tuck, tuck! – Kikriki! un wi beidn krigt wat af.

Ok heff ik man sehn, hier de Koppel int Gras:
Nawer Anton will Rogg sei'n, dat kumt uns to paß;
Un denn hier de Bom vær uns Kinner to fleegn,
Un wi merrn dermank, wat'n Vergnögn, wat'n Vergnögn!"

Du Spitzbov, lat sehn: dat's dat Nest? dat's dat Nest?
Mak to un hal Feddern un Dun, dat's dat Best!
Ol Anton sin Pudelmütz liggt günd achtern Tun:
Plück af, mak man to, lat's man bu'n, lat's man bu'n!

Dagdeef

Dær Busch un Brok to snękeln,
Mi in de Sünn to rękeln,
Dat sünd min besten Tæg;
Un mank de Blöm to dangeln
Un op'n Knüll to rangeln,
Dat is min gröttste Hæg.

In'n Krattbusch mank de Böken
In Schatten liggn un smöken,
Dat is min Husbedrif;
Un lingelank bi'n Quellborn
To drüßeln ünnern Sleedorn,
Dat quickt mi Seel un Lif.

Wa nett dat Water risselt,
Wa sach de Blæder pisselt,
Wa rükt dat Holt so grön!
De Droßel fleit so nüdli,
Ik reck mi so gemütli:
Wa is dat wunnerschön!

Un ward mi op'e Duer
Dat Utraun gar to suer,
Un geit de Sünn to Beer:
So stopp ik noch en Bræsel
Un schumpel na min Kæsel
Un denn – na denn ni mehr.

De Flot

De Ostsee is je'n Pohl:
Awer de Flot, de is dull!
Dat kregen wi to węten.
Wi keemn vun gündsit,
Scheetprügel mit,
Nix vergęten,
Stęwel bet an Liv
Węgen de Slick
Achtern Dik,
Hagelbütel stif,
Pulwer 'n ganz Pund,
Ok en Hund.
Gut!

Wi keemn un gungn rut
Op'n Strand –
Kridenwitten Sand!
Platt as en Dęl un riffelt,
As weer't vun en Fligersche knüffelt,

Un wülpt un rillt mit en Hark
Vun Wörden bet de Möldorper Kark.
Jung! wat en Platz to daben:
Keen Steen an'n Grund,
Vun Muscheln allns bunt,
Un de blaue Hęben der baben. –
Un wo he sik streckt
Un as en Stülper de Eer bedeckt,
Wo de Welt is tonagelt mit Bręd,
As in Ditmarschen geit de Ręd:
Dar sühst du en blanken Glęm,
En sülwern Stręm,
Man blot as en Schimmer un Lich:
Dat is dat Haf!
Dat treckt der heraf,
Dat störrt der herop
In vullen Gallopp
Un jagt di en Hasen to nich!

Wi gung' der so spazeern
Un dammeln wat umhęr,
Un keken in'e Feern
Un snacken æwert Meer.

Un kunn' dat gar ni löwen,
Wo nun keen Drippen weer,
Dat dar vunnacht de Möwen
Schregen un fischen int Meer.

De Prielen drög un apen –
Dar stunn en Schipp opt Sand,
De Schipper leeg to slapen,
Wi kunn' der gan
Bet an den Kahn
Un recken em de Hand.
Wi schoten na en Düker,
Wi grepen na en Mev,
Wul ok en Ręgenpiper
Un wat der sunsten gev.
Wi keken der un sammeln
Uns Muscheln in'e Sünn,

53

Wi dachten nix un dammeln
Man jümmer vær uns hin. –

Süh an! wat's dat vær'n Lęben?
Wat hebbt de Vageln vær?
De kamt an ganzen Hęben
As graue Wulken hęr.

Un süh! de Glęm ward heller!
Dat ward wul Tid torügg!
Wat Döwel? mi' s de Queller
Je gänzli ut Gesich!

Ik seh ni Schün noch Hüsen:
Wa? gung' wi dar ni rut?
Wo is Diksand un Büsen?
Jung! Jung! dat is ni gut!

Süh an! dar kumt je lisen
En Rill vun widen an!
De passt den Weg to wisen,
De gat wi sach væran.

Man to! nich stan un snacken!
Mi dünkt, dat kumt uns op'e Hacken!
Man orri utlangt in'e Schritt!
Süh an! de Wellen kamt al mit!
Al links un rechts en lange Stręk!
De breedt sik ut, as weer't en Dęk.
De eerste glitt
Man Schritt vær Schritt,
Doch treckt de glik de twete mit,
De drütte kumt, as wenn se spęlen,
As Arfen trünnelt langs de Dęlen,
Noch jümmer een un een un mehr
Un noch een babn daræwer hęr!
Koppheister lingelangs in Reegen
Un springn un op un dal int Weegen
Un hild un værwarts all to hopen,
As goll dat in'e Wett to lopen!

De eerste liggt man fingerdick,
De twete kumt in Ogenblick

Un deckt ęr to un wischt ęr weg,
Un wedder kumt en ganze Reeg
Un babn derop un langs de Watten
Rasch! in'e Fahrt! as flog der'n Schatten.
Man to! nu goll dat, nich to nælen,
Wi föhln dat langs de Stęweln schælen.
Wi lepen langs den natten Sand
In Drav, de Büssen in'e Hand,
Man jümmer langs de flacksten Stellen!
Man jümmer værwarts as de Wellen!

De eersten weern al lang ut Sicht,
Noch jümmer nie dicht an dicht.
Wi lepen as de Schum un Blasen,
Wi lepen as vær'n Hund de Hasen,
Un mit de Mewen, de der schregen,
Un mit de Waggen, de der stegen –
Bet æwern Fot, – bet an'e Kneen.
Un nix as Water mehr to sehn!
Un Grau un Grön un Dak un Damp,
As seegst du æwern Wetenkamp,
Un jümmer höger – Wagg an Wagg,
As Tünns int Trünneln, Slagg an Slagg,
Un Stöt un Pallschen gegen Rügg
Un Schum un Solt bet int Gesich:
Dat is værbi! dat is de Flot!
Dar 's nix to hæpen as de Dod!

Dat Water spęl uns um den Mund,
Wi stelln de Flinten in den Grund,
Un gung en Wagg uns æwern Kopp,
So heeln wi uns op Töntjen op
Un segen jedesmal umhęr,
Ob noch de anner lębndi weer.
Mein Gott! mein Gott! un noch ni dot?
Int Haar de Schum: wo blev de Hot?
Un snappt na Wind un streckt de Hann':
Ton Będn? Dar kumt de letzte an!
In Angsten? Ringst du mit den Dod,
Wat gift denn noch vær'n grötre Not?

De Ogen to, as schullst du slapen –
Un deist se dochen wedder apen.
Mein Gott, mein Gott! wa lang, wa lang?
Dar is de letzte op'n Gang! –
Denken? – du snappst man na den Wind
Un stüttst di wedder op din Flint
Un hollst di op den höchsten Placken
Un hęvst di lank op Tön und Hacken.
Ja woll! Ok denkst du en Gesich –
Vader sin? Moder ęr vellich?
O wenn se wusten? – hol di op!
De geit di wedder æwern Kopp! – –

Do sehn wi, dat de höchste Wog
Uns nich mehr æwern Köppen slog,
De neegste ok ni – schull vellich . . .?
De spei man'n bęten int Gesich!

Wi harrn wul in'n Kalenner funn',
De hartste Flot, de dur keen Stunn;
Doch wuss man nich, wo lang 't al wahr,
En Ognblick oder'n ganzes Jahr.

Doch richti! langsam keem de Ebb,
Wi stunn' babn't Water mit de Köpp,
Wi sehn uns an – wi sproken nich –
De een de anner int Gesich,
In Angst, de Hoffnung optowaken
Un't Starben noch mal dærtomaken.

Doch richti! ja! se sackt! de Flot!
Herr, du errettest aus aller Not!

———

In Büsum lepen, as wi keem',
De Junges weg dær Slick un Lehm.
Wi weern ok, as wi uns betrachten,
En Paar ton Ween'n un ton Belachen.
Doch harrn wi lehrt, vun Flot un Welln
Is dat am besten in Drögen vertelln. –

Ol Büsum

Ol Büsen liggt int wille Haff,
De Flot, de keem un wöhl en Graff.

De Flot, de keem un spöl und spöl,
Bet se de Insel ünner wöhl.

Dar blev keen Steen, dar blev keen Pahl,
Dat Water schæl dat all hendal.

Dar weer keen Beest, dar weer keen Hund,
De liggt nu all in depen Grund.

Un allens, wat der lev un lach,
Dat deck de See mit depe Nach.

Mitünner in de holle Ebb,
So süht man vun'e Hüs' de Köpp.

Denn dukt de Torn herut ut Sand,
As weer't en Finger vun en Hand.

Denn hört man sach de Klocken klingn,
Denn hört man sach de Kanter singn,

Denn geit dat lisen dær de Luft:
„Begrabt den Leib in seine Gruft."

QUICKBORN

Graf Rudolf vun de Bökelnborg (1145)

Kamt rop, Herr Graf vun Bökelnborg, de Buern kamt mit Korn!
Kamt rop, min Graf, un freit dat Hart un seht mal mit vun Torn!

De Buern wullen Herren sin, dat is se slecht bekam'!
„Nu treckt se her as Oss un Swin mit Halter un mit Klabn."

Fru Walborg seet in siden Kleed un Krüsen um de Back,
De Buern keem dær Dreck un Lehm, all mit en Klabn um Nack.

Se keem' to Wagen een bi een mit grote Säck vull Korn,
De Graf mit samt sin stolte Fru, de keken dal vun Torn. –

Kamt raf, Herr Graf, slut op de Port, kamt raf un nehmt de Schuld!
De Bur is kam in Ked un Klabn un hett betalen wullt.

Do lach he in sin grisen Bart, do lach se in de Tähn,
Do stunn' se op in all er Staat, de Ossen antosehn.

Do de'n se wit de Porten op vær Wagen un vær Per,
Do keemn se rin, en lange Reeg: de letzte sparr de Dær.

De sparr de Port un reep so lud: De Bur is doch keen Slav!
Nu röhrt de Hann' un sniet de Bann' un stekt de Bökelgraf!

Do warn se beid as Krid so witt un as de kalkte Wand,
Do sprung ut jede Wetensack en Kerl, en Meß in Hand.

Un nu, Herr Graf, man raf in Drav: Wi bringt den Martinssold!
De Bur is kam in Ked un Klabn, un de betalt sin Schuld.

Aflohnt

De Sæn, de harr ęr banni leef, se weer so week un fee.
De Ole schull int Hus herum: wat s e sik inbilln dę!

Se neem ęr Bündel ünnern Arm, vun Tran'n de Ogen blank,
Se sä de Ole sacht adüs, se sä de Sæn: heff Dank!

Se gung bet um de Eck an Tun un sett sik op den Steen.
De Ole schull int Hus herum, de Sæn, de stunn un ween.

De junge Wętfru

Wenn abends rot de Wulken treckt,
So denk ik och! an di!
So trock verbi dat ganze Heer,
Un du weerst mit derbi.

Wenn ut de Böm de Blæder fallt,
So denk ik glik an di:
So full so menni brawe Jung,
Un du weerst mit derbi.

Denn sett ik mi so truri hin
Un denk so vęl an di.
Ik ęt alleen min Abendbrot –
Un du büst nich derbi.

Sünndagsruh

De Rau, de treckt dær Hus un Stall, dat ganze Feld is still,
De Schatten liggt in Dær un Dęl, de Sünnschin op'n Knüll.

Dar is en Platz vær Fręd un Glück, to Sit de junge Fru!
Se sitt un hollt en Kind in Schot, se spęlt, se lacht in Ruh.

Keen Wulk is in de blaue Luft, keen Fol in dit Gesich.
Keen Lut! as æwert stille Feld de Klocken feierlich.

De Sünndagmorgen

„Wat is der sünndagmorgens all to don!
Man mag sik kehrn un kanten, as man will,
Noch jümmer is der'n Eck, wo man ni wen is."
So seggt en rasche Fru mit rode Backen
Un snackt mit Nawersch in'e Stratendær
Int Snacken ult se gau en Spinnwipp dal
Un wischt de Sprossen an de Husdærfinstern.
„De Jung, min Heinri, kunn mi wul al hölpen,
Doch spelt un sitt de lewer bi sin Obbe.
De slapt tosam un gat tosam to Feld,
Dat's Water op sin Mæl, de Ol vertreckt em.

De seggt, so'n Jung, de mutt en Spaden hebbn,
De Bessen un de Ul is vær de Frunslüd.
Ik do't ok lewer sülm, as dat'k em quäl.
He's doch je'n Kind un kann so banni ficheln.
„Nu sitt he al bi Obbe in'e Stuv;
Ik weet ni, wat se makt, se sünd je still –"
Un darbi wis' se na de Stubendær –
„Se lęs't je wul" – de Dær stunn in'e Knirr;
Se lang torügg un trock se'n bęten apen,
Un Nawersch keek vun achtern dær de Ręz.
Dar seet de Ol, de Been værkrüz an Aben,
De Nachmütz keek man ęben ut den Læhnstohl,
Un heel dat Bok, dat jüs de Sünn darop schin.
Sin Enkel stunn mit beide Arms opt Læhnelsch
Un keek mit in un seeg em æwer de Schuller.
De Ol weer ganz verdeept un röhr de Lippen
Un jag de Flegen dann un wann vunt Bok;
Nieschirig folg de Jung dat mit de Ogen
Un mak den Hals so lank, as wull he't ęten.
De Sünnschin full em op sin blanke Back
Un spęl as Gold em in de gęlen Haar.
So steit int Holt en Martjen bi en Stubben:
Op beide fallt de Sünn, un beide drömt,
Vun Lust un Glück de een, vum Dod de anner.

Dat weer ok ębn so ruhi as int Holt.
Man hör den Kater sagen ünnern Aben,
De Steilitsch wett sin Snawel an'e Wiern
Un knapp de Korns un strei dat Sluf herum,
Steek denn den bunten Kopp herut ut Bur
Un keek sik um so listi as en Hahn,
Denn dalwarts, trock sin Fingerhot herop
Un drunk un leet em falln un glup em na.

So stunn un glup Fru Nawersch dær de Ręz,
Na de Sit un na de un na de beiden
Un na de Ecken as en Conterlör,
Un na de Fotborrn mit den witten Sand,
Wo Heinri noch man kum en Spor in pett harr,
Un denn na't Finster, na den blanken Disch.

De Moder stunn un lęs ęr ant Gesich,
As spegel sik ęr ganze Freid darin,
Ęr ganze Staat, de Stuv mitsams ęr Heinri.
Se mark ok glik, wat Nawersch fragen wull:
„Min Mann is al to Feld un süht na't Land,
Ik lur al lang, he hett noch gar ni drunken."
Denn ünnert Spegel damp de Kaffekętel
Un blau un witte Tassen stunn' torech.

Se snacken noch, do war dat buten lud:
En raschen fasten Schritt un denn noch een,
En harre Stimm un Spręken keem der neger,
Man hör en Hund sik freiden un Gebell,
Un darop trędn twee Mannslüd in'e Dær,
De een op Stęweln un mit Hot un Stock,
En breden Mann mit deepe Pockennarben,
De anner keem in Tüffeln mit en Pip.
„Gun Morgen, Hansohm! Krüschan, büst du dar!
Kumm bald mal wedder, Nawersch! Gat man in!
De Kaffe wahrt al lang, du büst wul möd!"
Un darmit heel se wit de Dörnschdær apen.

Grotvader trock de Brill wat in'e Höch
Un gev den Jung dat Bok un sä gun Morgen,
Gev Hansohm ok de Hand un ok sin Sæn
Un frag na dit un jenes, wat der værfull.

Do damp de warme Kaffe in'e Tassen,
Dat quickt en Möden na en sware Tour.
De Husfru schenk, un Hansohm leet sik kragen,
Ok Obbe rück tum tweeten Mal to Disch;
Un as se drunken, seet de Jung un blæder,
Wat nößen keem un wa de Sak wul bileep.
Sin Vader harr em dann un wann int Og,
Doch sä he nix un leet em still betęmn.

„De Kaffe deit een gut, dat ward al kold!
De Winter is en Mann mit isern Fingern!
Grotvader früsst all", fangt do Hansohm an,
„Mi dünkt, wi schulln man na Brunsilgen gan;

Se seggt, dar et se Wihnacht ripe Stickbein
As wi Johanni, dat weer wat vær Obbe,
So'n nette Warms as hier bi unse Hauarn,
Dar's nu je licht vun Hamborg hintorecken,
De Junges singt: Brunsilgen is nich weit."
De Glaser reis't nu ok, seggt do de Sæn,
Mit Fru un Kind vunmorgens weg na Hamborg.

„Ja, ja", seggt Hans, „mi dünkt, ik harr noch Lust,
Weer blot man nich de grote Pohl dertwischen.
Se schrivt je vun Amerika, dat's prächti,
De Ossen lopt der wild, man kann se fangn,
Een löppt der oft en Dutzend in'e Schün,
Un Hasen sünd so tamm, man kann se gripen;
Un denn de Vageln, dat mutt prächti wen!
Ik mag so geern en wille braden Duv."
Un darbi wisch he smerri um den Mund
Un keek sik lusti ut sin lüttjen Ogen.
De annern smustern, denn se kenn' em wul
Un dat he geern en guden Braden eet,
So nömn em wul Hans Maanschin vær sin Backen.

Do seggt de Brede: „Hansohm, Spaß bi Sit,
Wull Obbe mit, ik wuß ni, wat ik de,
Ik löv, man kann wat warrn gündsit dat Water;
Denn wat man hört, dat meiste is doch gut,
Dat is der frier, nich so enk un ängstli,
Dar is noch Rum; wer will, de finnt sin Brot."

„Ja Platz genog", fallt Maanschin em int Wort,
„Des Morgens leggt man'n Ledder an sin Hus,
Wenn man een hett – en Hus – un nimmt sin Kiker,
Un seggt sik denn gun Morgen mit sin Nawer."

Snack du man los! wat wahr is, blift ok wahr!
Dat's hier so enk, man drängt sik een ant anner
Un snappt dat Brot sik redi vær den Mund weg.
Dar's keen Geschäf, vun alle sünd to vel,
Un een sitt glik de anner op'e Hacken.

Nimm man de Koplüd! alke Hus en Schild!
Man handelt rein mit allns, sogar mit Blöm!
Un wenn man't rech betrach, mit Minschenkinner.
Un jümmer kumt wat Nies un noch wat Nies,
Vun Swęwelsticken an bet na de Stüern.
Man weet ni, wat man hett un wat dat weert is,
Se kunn je noch mal opfinn', Gold to maken
Un Korn to buden op den Bæn int Hus.
Den Dünger halt se ut Amerika
Un arnt den schönsten Weten op de Heiloh.
Un jede Placken Eer un jede Krut
Un jede Knaken söcht man un betahlt man –
Ik weet ni, wa dat rut schall mit de Tid.
Dat gährt un wöhlt vun ünnern bet na baben,
Dat's all as een Getös, as in en Imkorf.
Dat's jüs ni häßli, un se nährt sik all,
Ik weet ni mal, wa't mægli – een vun annern,
De all nix hebbt un dochen allens mitmakt;
Un operklärter ward se, dat's gewiss,
Un afpoleert bi all dat ewi Driben;
Ok is dat rech en drifti munter Lęben,
Vun morgens fröh bet abends lat to gang:
Doch ward mi't all to larmdi un to lud.
Een ward to Mot, as fahr man opt Carussel:
Wenn man ok still sitt, dreiht man doch herum,
Un endli löppt de Borrn een ünnern Föten. –
Mi sünd de Lüd to happi un to hasti;
Mit stille Arbeit kumt keen Minsch mehr dær,
De lüttste Natelhandel is nu bęter.
Wi ward am Enn' noch Juden mit enanner;
Wer arbeidn will, is redi blot Maschin.

Un doch is mi am glücklichsten to Mot,
Wenn'k Dag an Dag so rech de Glieder bruk,
De ganze Węk int Wirken un alleen,
Un as de Mælenpęrd int sülve Spor
Un eenerlei as værjahrs bi den Törf.
Denn gat de Been un Arm ęrn egen Gank
Un de Gedanken still un sach ęrn annern,
De strid sik nie, dat Hart is so gesund,

Un dat Gewęten röhrt sik nich in Bossen.
Man weet, wat Rech un Plich is, ahn to gruweln,
Un wat man schall un mutt, al wenn man opsteit,
Un abends is man recht vun Harten möd,
Dat Ęten smeckt, de Stunn, de glid der hin,
Un mit de Sünn, so sachen op un dal,
Stiggt een de Kraft un Lust un sackt to Rau,
Un mit de ganze Welt is man in Fręden;
Ik nöm mi dat de Seel- un Arbeitsruh.
Dit Ręken und Beręken un Belurn
Un Snack un Schachern is mi rech toweddern!
Ik löv, dat's in'e nie Welt ni nödi.
Dar kofft man sik sin lütten Placken Land
Un bud em an un süht sin Saken wassen
Un denkt: dat is de Lohn vær sure Arbeit.
Denn hett man hier ok Sęgen op sin Feld,
So weet man kum, wovęl de Staat noch aftreckt!
Mit all de Stüern ward't je ümmer arger.
Un all de feinen Herrn mit Brill un Stock
Un Wętenschop un Hochdütsch un wat anners –
Ik hör je oft int Weertshus, wat se snackt,
Dat meiste is doch luter Klæneri;
Un dochen süht man jümmer eerst na'n Rock
Un ward de Kęrl mitünner gar ni wis –
Nę, as ik segg, dat is ni uttoholn!

Ja, denn mæt wi je redi op'e Been,
Meent do de Dick un makt en breden Mund
Un smökt, dat em de Damp de Kopp verstickt
Du vær de Friheit un ik vær de Duben,
Un Heinri kann ja Blöm un Nester söken.

De Lüttje stunn al wedder achter Obbe
Un keek sin Vader stif na Mund un Ogen.
He war wat rot un lach, as Hans em anręd. –

Denn reis't man, seggt de Ol, ik reis' ni mit!
Man wesselt nich sin Heimat as sin Rock,
Ik kann ni lęben ahne Vaderland.
Un wer dahin geit – nę! de hett keen mehr.

Wa dur't mi nich de armen stackels Minschen,
De Not un Hunger un de Adel wegdrift!
Ik weet noch, as de Æwerelvschen keemn
Un de ut Holsten ut Lifegenschaf,
De weern je rein verdümmert as dat Veh
Un so verschüchtert as de Schap opt Markt,
De schu'n sik vær ęr lifli Vadersnam
Un kropen hier as Spitzbobn mank uns rum:
Wenn de darhin gat, ja, dat gev ik to,
De hebbt ni Hus noch Klus' un Vaderland.
Doch hier op unsen lütten frien Placken
Kann dat, so Gott will, nie so gruli warrn.
Hier hebbt uns Olen vær de Friheit blött,
Un darvun is de Marsch noch jümmer vull,
In jede Ader löppt en Dripp dervan,
So niedrig un so hoch, se hebbt em all,
Un de am meisten, de dat gar ni markt.
Dat is de Friheit, de der in uns stickt
As Slach un Art vun Vader un vun Moder.
De makt de Slechsten grof un æwerdadi
Un unse Besten grad un slich un rech.
Dat anner is man allens Snackeri,
Vun baben kumt de Knechschaf nich hendal;
Wenn wi man wüllt, de Fürsten künnt ni vęl.
Dat is mi jüs as mit de Relion:
De lett man sik ni gęben und ni nęhm,
De hett man jüs am meisten, wenn dat knippt.

Wa meent jüm, dat is ruhi achtert Weltmeer?
Dar drängt dat ok un drift un rift sik af,
Wo Fürsten fęhlt, dar drückt Verstand un Geld;
De Herrschaf is ni ut de Welt to bann',
So weni as de Furch vær Gott den Herrn. –

In Gottes Namen reis't – ik ga ni mit!
En olen Stubben lett sik nich verplanten.
Ik will hier töben, bet min Stündlein kumt.

De Ole schütt de Kopp un fol de Hann'
Un wis' un keek mit blöde Ogn na Dær:

Dar stunn min sęli Fru mit rode Backen
As Melk un Blot so frisch – wat weer't en Diern! –
Sünnabnd vær Pingsten – och vær vęle Jahrn! –
Ik harr dat Hus vun Martin Peters kofft,
Wi kemn vun Hægen rop, dat to besehn,
Un gungn dar langs den Fotstig bi den Pohl,
De letzte Festdag schull uns Hochtid warrn:
Do stunn se hier tum eerstenmal in Dær.
Se seeg sik um vun baben bet na nerrn
Un sä: dat's also unse! gęv man Gott,
Dat wi hier blivt bet an uns sęli Enn'!

As se to Rau gung, stunn se hier as Lik, –
Un langs den Fotstig gung ik achterna.
Un sæben Kinner heff ik dar hentlankbrocht.
Ik seeg de Drägers noch un jede Sark,
As gungn se all toglik – en lange Reeg –
Vun grot un lütt – min Krüschan is man nablębn
– De's jüs so old as disse Esch vært Finster –
De grote hier – den plant ik, as he keem;
De lütt is jünger, – ok de Sülwerpappel;
De Eek is vær min Öllst – de wull ni wassen – –
Man blot de ol Kastanje weer hier al, –
Den Eschen hal ik sülm ut Norderwold.
Wa wasst se all! – as weern se ewi junk –
Wi Minschen kamt un gat as Blöm un Gras.

Dar hebbt min Kinner spęlt, de een na't anner,
Dar seten wi des Abends op de Grasbank
Un segen to, un unse Nawers keemn,
De jüngern mit to spęln, de oln to snacken,
Bet allens still weer, un de Wächter reep.
Dar warn wi mit enanner still un grau.
Wa menni een, de dar as Jung herumdav,
Seet mit de Jahren ruhi bi uns Olen,
Un menni Jahr, wenn't wedder Summer war,
So feil der'n witten Kopp in unse Reeg,
Bet mi't toletz doch gar to faken keem,
Ik kunn mi mank de annern nich mehr finn',
Un jümmer fremder warn mi de Gesichter,

Ok ward mi dat des Abends gar to kold,
Ik hol mi nu wat fröher in'e Stuv
Un kik dært Finster na min olen Böm.

Nę, nę, min olen Frünn', ik ga ni weg,
Jüm sünd mi blęben, as de annern gungn,
De letzten op den Platz vun all de annern, –
Ob ik se neegsten Værjahr wul noch grön seeg? – –

De Ole stütt de Hann' op beide Læhnelsch
Un hęv de Rügg en bętjen ut den Stohl
Un keek mit blöde Ogen rut ut Finster.

Do fat de Lütt em sachen an sin Arm,
Un Krüschan neem sin Tass vun Mund un puß se,
As weer de Kaffe hitt – un sett se hin –
Un weer to höch un greep de Ol sin Hand
Un lę de anner op de Jung sin Kopp:
– He harr sik wul wat Kaffe int Gesich pust,
Dar stunn' wück Drapens in'e Pockennarben; –
Doch sä he nix un seeg de Ole an,
De Ole em un denn sin Kindeskind.
So stunn' se dar, as weer't en Klewerdree,
De sülwe Art un Snitt, de sülwe Slach
Un doch so unlik as vun Harst tum Fröhjahr,
De stille witte Winter twischen beide.

Ok Hansohm hęv sik sachen in'e Höch
Un stell sin Pip to Siden an'n Stohl,
As stocken Damp un Witz em in'n Mund.
Do hör de Ol sin Swigerdochter ween'n,
He drück de beiden lisen an'e Sit
Un seggt: Lat uns to Kark un lat uns będen,
Dat wi hier blivt bet an uns sęli Enn'.

Dat Dörp in Snee

Still as ünnern warme Dęk
Liggt dat Dörp in witten Snee,
Mank de Ellern slöppt de Bęk,
Ünnert Is de blanke See.

Wicheln stat in witte Haar,
Spegelt slapri all de Köpp,
All is ruhi, kold un klar
As de Dod, de ewi slöppt.

Wit, so wit de Ogen reckt,
Nich en Lęben, nich en Lut;
Blau na'n blauen Hęben treckt
Sach de Rok na'n Snee herut.

Ik much slapen as de Bom,
Sünner Weh un sünner Lust,
Doch dar treckt mi as in Drom
Still de Rok to Hus.

Min Platz vær Dær

De Weg an unsen Tun hentlank,
Dar weer dat wunnerschön!
Dar weer des Morns min eersten Gank
Int Gras bet an'e Kneen.

Dar spęl ik bet to Schummern hin,
Dar gev dat Steen un Sand;
Des Abends hal mi Obbe rin
Un harr mi bi de Hand.

Denn wünsch ik mi, ik weer so grot,
Dat ik der ræwer seh,
Un Obbe meen un schütt den Hot,
Dat keem noch vęls to fröh.

Dat keem so wit, ik heff se sehn,
De Welt dar buten vær:
Ik wul, se weer man half so schön
As do min Platz vær Dær.

Abendfręden

De Welt is rein so sachen,
As leeg se deep in Drom,
Man hört ni ween'n noch lachen,
Se's lisen as en Bom.

Se snackt man mank de Blæder,
As snack en Kind in Slap,
Dat sünd de Wegenleder
Vær Köh un stille Schap.

Nu liggt dat Dörp in Dunkeln,
Un Nęwel hangt dervær,
Man hört man ęben munkeln,
As keem't vun Minschen hęr.

Man hört dat Veh int Grasen,
Un allens is in Fręd,
Sogar en schüchtern Hasen
Sleep mi vær de Föt.

Da's wul de Himmelsfręden,
Ahn Larm un Strit un Spott,
Dat is en Tid tum Będen –
Hör mi, du frame Gott!

QUICKBORN

In'e Fremdn

Dat gift keen Land so grön un so schön –
O weer ik wedder to Hus!
Dar singt de Vageln so fröhli,
Dar is de Schatten so köhli –
O dat ik wannern muss!

En Garn, de liggt dar achter den Tun,
Dar blömt de Rosen so rot.
Min Leefste, de neem sik en annern,
Gesellen, un de mæt wannern:
Ade, du Leefste, lęv wol!

Un Vader is dot, un Moder is dot –
O leeg ik ünner de Eer!
Dar sungn de Vageln so fröhli,
Dar weer de Schatten so köhli –
Ik seeg di nimmermehr!

He sä mi so vęl

1.
He sä mi so vęl, un ik sä em keen Wort,
Un all, wat ik sä, weer: Jehann, ik mutt fort!

2.
He sä mi vun Lev un vun Himmel un Eer,
He sä mi vun allens – ik weet ni mal mehr!

3.
He sä mi so vęl, un ik sä em keen Wort,
Un all, wat ik sä, weer: Jehann, ik mutt fort!

4.
He heel mi de Hann', un he bę mi so dull,
Ik schull em doch gut węn un ob ik ni wull?

5.
Ik weer je ni bös, awer sä doch keen Wort,
Un all, wat ik sä, weer: Jehann, ik mutt fort!

6.
Nu sitt ik un denk un denk jümmer deran,
Mi düch, ik muss seggt hebbn: Wa geern, min Jehann!

7.
Un doch, kumt dat wedder, so segg ik keen Wort,
Un hollt he mi, segg ik: Jehann, ik mutt fort!

Min Anna is en Ros' so rot

1.
Min Anna is en Ros' so rot,
Min Anna is min Blom,
Min Anna is en Swölk to Fot,
Min Anna is as Melk un Blot,
As Appel op'n Bom.

2.
De Vullmach hett en Appelgarn
Un Rosen in'e Strat;
De Vullmach kann sin Rosen wahrn.
De Vullmach kann sin Appeln arn:
Min Anna is min Staat!

3.
Se is min Staat, se is min Freid
Un allens alltomal,
Un wenn de Wind de Rosen weiht
Un wenn de Wind de Appeln sleit:
Se fallt mi nich hendal.

4.
Se fallt ni af, se fallt ni hin,
Se hett so'n frischen Mot:
So blöht min Hart, so blöht min Sinn,
Min Anna blift de Blom derin
Bet an min sęli Dod.

Wi gungn tosam to Feld, min Hans,
Wi gungn tosam to Rau,
Wi seten achtern Disch tosam,
So warn wi old un grau.

Bargop so licht, bargaf so trag,
So menni, menni Jahr –
Un doch, min Hans, noch ębn so leef
As do in brune Haar.

n'n Klockentorn babn Karkenbæn,
Dar geit en Rad mit isern Tähn,
Un wenn de ole, de dowe, de Küster
    ni weer,
So keem der keen starbens Minsch
    vun'e ganze Eer.

De Möllerburß sitt ganz alleen,
He süht in dat Rad, dat drift de
    Steen,
Un wenn de ole, de dowe, de Küster
    sin Dochder ni weer,
Wat kunn der so lusti sik dreihn
    op'e ganze Eer?

Ünnermeel

De Wörner Klocken lüd de Prędigt ut.
Se summt ut wider Feern un mank de Im,
De æwert Feld hin drivt vun Blöt to Blöt,
Denn klætert wücke Wagens langs den Weg,
De Pęr sünd nich to sehn int lange Korn,
Man blot de Köpp un Minschen achterhęr,
As wenn se sęgeln op en See vun Weten.
So jagt se een na't anner wit værbi,
De Schall un Schin vertreckt sik jümmer wider,
Un allns is wedder still as in'e Kark.

Dar sitt en Mäden köhli in'e Dörnsch,
Se's ganz alleen, in vullen Sünndagsstaat.
Se sitt un neiht, se kikt ni op un um,
Un ökern geit de Arm ęr op un dal.
Denn knastert jedesmal dat witte Linn',
As reet se't mit de dralle Arm entwei.
Se is ok gar ni bu't vær Scheer un Natel,
De Schullern quellt, as wull de Sammtjack bassen,
De ęr as gaten op de Hüften fallt,
Un dær de Backen schint de Lębenslust
Un glänzt ęr ut de düsterbrunen Haar.

Se's ok al satt, se læhnt sik æwern Arm
Un kikt dært Finster langs dat gröne Korn
Un langs de groten gęlen Rappsaatkoppeln
Int wide Feld, wo noch en Wagen glinstert
Un wo de Luft sik spegelt as dat Haf
Un Hüs' un Böm sik weegt as in'e Wellen.

Man hört keen Starbenslud as blot de Wanduhr.
Dat slöppt int Hus, un buten slöppt dat Feld.
Blot wenn in Drom en Höhnerküken stęhnt,
De op de grote Dęl to Middag slapt,
So horkt de Kater op'n Læhnstohl op,
Un Müppe reckt sik, un de Hushahn buten
Fragt lud, wat dat bedü', de Kunsche kullert,

Un ut dat Hunnhus kikt en rugen Kopp:
Doch hebbt se sik mal reckt un all mal japt,
So sackt se wedder ruhi dal to slapen.

Dar sünd keen Ogen apen as de twee.
Doch kikt de ok herut, as wenn se drömn
Un wat betrachten in'e blaue Luch –
Vellich Gedanken, de int Wide dämmert,
As man wul hett: dat Hart treckt achterna,
De ganze Seel is op en grote Reis'
Un swęvt umhęr un lett een möd torügg.
So sackt dat Mäden in sik sülbn tohopen,
Dat Kinn in Hand, un stütt de witten Arms,
Un an de brunen Flechten spęlt de Fingern. –
Mit eenmal fangt de Husklock an to rasseln
Un sleit in drange Släg' de Middagsstunn:
Dat Mäden tuckt tohop un halt en Aten –
Un stütt sik wedder ruhi op'e Arms.

Doch hett de Klock noch lang ni utvertellt,
Dar springt en Dær op baben't Wiserblatt,
En Mann herut un makt en depen Diener,
En Dremast op, Kneebüxen mit de Spangn:
Denn snappt en Fedder in den Kasten binn',
Un darmit klingt en ole Melodie,
En Menewett ut værige Jahrhunnert,
So lud un krus un old un wunnerli,
Man meen, de Kneebüx war der gliks na danzen.
Doch merrn in'n Triller fleit dat hell un scharp –
Dat keem vun buten æwert stille Korn! –
Noch mal un noch eenmal as vun en Jäger:
Un as en Reh, so fahrt dat Mäden op.
Se buckt sik rasch un tisst sik ut dat Linnen,
De Backen glöht ęr, un de Ogen glänzt,
De Bossen geit, man hört dat Hart ęr kloppen,
Un doch is nix vun Angst in all dat Schrecken,
Denn as ton Lachen krüselt sik de Lippen.
Se süht sik rasch lank Jack un Kleed hendal,
Strakt sik ant Haar un deit en Glup int Spegel
Un kikt noch eenmal langs dat gröne Feld

Mit grote Ogen na en lütten Punkt,
De langs den Fotstig babn den Weten treckt,
Un mit en Jauchzen klappt se in'e Hann'
Un flüggt – en Vagel – ut de Sidendær:
De Wanduhr spęlt alleen vær Mups un Kater. –

In Hof is Schatten ünnern Appelbom,
De wasst hier hoch as op'e Geest de Böken,
Un Krut un Unkrut hebbt der Dęg un Tier.
Dar is keen Placken, nich en Stręmel Land,
De is besett vun safti gröne Krüder,
De as en Sammtdęk op'e Stücken liggt,
Ut Gröben rankt un langs dat Water krupt,
Um Böm un Port, um Plank un Müern drängt
Un iwri wasst – bet in'e Sidendær.

Jüs flog se op! un mit Geschrigg de Höhner,
Un Heisters ut de Eschen um de Graff
Un ut de Dær dat Mäden hell int Füer,
Un sünner Hot in'n hitten Sünnschin rin,
– Doch ahn Gewalt, as wat de Vageln makten.
Se swęvt in lichten Schritt de Wurt hendal,
De Brügg heræwer na de Appelhof
Un mank de Büsch un Blöm de Garn hentlank.

Do tre̜ en hogen Burschen rut ut Korn,
In'n korte Jack un mit en Kluwerstaken.
He geit in raschen Schritt noch æwern Koppel,
Dweer æwert Stück bet an den Appelhof:
Nix as de brede Graff is twischen beiden.
Mit sękern Arms un Ogen sett he an
Un deit en Satz un swęvt na anner Sit.
Twee Arms un Ogen nęhmt em in Empfang.
Dat Glück is still – se treckt sik deep in Schatten. –
Summt dar de Im? Sünd dat de Wörner Klocken? –
De Sünn liggt hitt opt Feld, in Garn is Schatten,
Dat Korn bewęgt sik lisen op un dal,
Un ut den Blomhof kumt en lisen Flüstern.

Verlarn

Sin Moder geit un jammert,
Sin Vader wischt de Tran'n,
Ik melk de Köh un fęg de Stuv,
Mi lat se stan un gan.

De Nawers kamt to trösten
Un snackt en hartli Wort,
Un wenn se tröst un wenn se weent,
Slik ik mi truri fort.

Des Abends in'e Kamer,
Bi depe düstre Nach,
Denn ween ik all de Laken natt,
Bet an den hellen Dag.

Se hebbt je noch en annern,
Se hebbt je noch en Sæn:
Ik heff je nix as bittre Tran'n
Un mutt se heemli ween'n.

Un kamt sin Kameraden
Un seggt, wa brav he weer,
So mutt ik rut alleen na'n Hof
Un legg mi an'e Eer.

Mi dünkt, ik hör dat Scheten
Un wa de Kugeln fallt,
Mi dünkt, ik hör, he röppt, he röppt:
Min Anna, kumm man bald!

QUICKBORN

Min Port

De Port is noch dar, geit apen un to,
Ok knarrt un jankt un klappt se as do.
Dar gung'n, de mi leef weern, ut un in:
De Fru, de Kinner, Verwandte un Frünn.
Wa oft, wenn se klapp, dat ik dacht: Wat nu?
So keem en Gesicht, dat ik reep: Dat büst du!
In'n Sünnschin weer't, Sünnschin op de Böm,
Sünnschin opt Gesicht, opt Gras un de Blöm,
Sünnschin int Hart – so keem't in de Port,
So gung't in un ut, Dag an Dag, jümmer fort.
Dar keem wul Regen un Snee mit mank,
Dat weih, dat de Port in de Angeln jank,
Dat baller un klapp, ik reep al binn:
Süh dar! Wa schön! Kum man in! Kum rin!

* * *

Allmählich keem't – do gung een ut de Port,
Darhin gung de Weg, un nu weer se fort.
Ja, rut weer se kam', torügg keem se nich,
Un mi – mi leepen de Tran'n vunt Gesicht.
De Sünn schien wedder, de Blöm, de blöhn,
De Summer weer dar, un de Böm warn grön,
Ik hör de Port, wa se klappt un knarrt –
De Sünnschin kumt mi nich wedder int Hart.

* * *

Denn weer't en anner – ok he gung fort,
Hoch weer he wussen hier achter de Port.
Dat Nest ward to lütt, de Vagel ward flügg,
He geit in de Welt, he winkt noch torügg:
Ade! Ade!
      Un de Port de knarrt,
Un ik sitt dar mit min eensam Hart.

* * *

So ward se still un stiller min Port,
All wat mi leef, geit rut un blift fort.
Bekannte to vęl, jümmer weniger Frünn,
Un endlich bliv ik alleen hier binn.

Un wenn de Port toletzt mal knarrt,
Denn is't, wenn man mi rutdręgen ward.
Un denn vær en annern geit se as nu,
Un he röppt to en anner, wenn se geit: Dat büst du!
Un de hier plant hett un sett de Port,
Em drogen se rut an en stillen Ort.

VÆR DE GÆRN
Kinderreime alt und neu

Dit Bok is mi leef

Dit Bok is mi leef,
De mi't stęhlt, is en Deef,
De dat utdach, weer en Dichter,
De dat utmal, Ludwig Richter,
De dat rutgev, heet Georg,
De dat lehnt, hett dat blot to Borg,
De mi't schenkt hett, weer ni klok,
Denn so'n Dünnjens, dünkt mi, kann ik ok.

Hęwelmann

Min Hanne is en Hęwelmann,
Hett splinternie Stęweln an,
Un ritt de Jung en Hüttjepeerd,
So is he noch en Düttjen weert.

Min Hanne ward en Knęwel ut
Un kriggt an blanken Sęwel rut,
Un ritt he denn en Satelpeerd,
So is he hunnert Daler wert!

Anna Susanna

Anna Susanna, gah du na School!
"Ik heff nix æwern Fot."
Treck du Papa sin Tüffeln an!
"De sünd mi vęls to grot."
Stęk du en half Bund Stroh in,
So sünd se di to pass. –
Wa kann min Anna springn,
Barbeenti dær dat Gras!

Priamel

En Klock, de ni geit,
En Putt, de ni steit,
En Daler, de ni gellt,
En Hund, de ni bellt,
En Diern, de ni tęgt,
En Hęhn, de ni leggt,
En Katt, de ni mus't:
De letts du bęter buten Hus'!

DETELF

Wat en Holsteenschen Jungen drömt, dacht un belęvt hett vær, in un na den Krieg 1848

ERSTES KAPITEL

Detelf bi sin Vetter, de Scholmeister, un bi sin Grotmoder

Am levsten wull he Landvagt warrn. Dat düch em dat nettste. Sin Vetter weer Scholmeister, dat düch em nich so pläseerli. He weer bi em inne Kost un de Öbberste inne Schol, denn he kunn banni lehrn. Awer am levsten wull he doch Landvagt warrn; un wenn de op sin Witten um de Eck værbi ree, de Bedeenter op en Brun en bęten achteran, un he un Jan Pee legen int Gras – Jan Pee weer de Grötste inne Schol, awer man dumm, he hölp em int Ręken un Jehann stunn em bi, denn he kunn sik ni węhrn – legen int Gras un simeleern, so sä he: Jung', Jehann, wenn ik Landvagt weer, so wull ik nix ęten as Botter in Bri! Denn sprungn se beid op un lepen um de Eck un segen, wa de Witte blenker. Awer bald weer he se ute Ogen, un se lę'n sik wedder hin.

Dat Dörp leeg ni wit vun de Heid, man kunn den langn Tom sehn, wo de Landvagt jeden Abend op to ree, de blanken Wulken seten der achter, un wenn't dämmeri war, so hör man dat Getös' vun den Ort un de Jungs, de Jäger un Tick spęln.

Sin Vetter weer man en lütten Mann, awer en groten Geist. He dę jümmer as de Paster. Wenn he recht vermahn wull, so pack he sin Pult ganz vull Böker, dar stunn he achter as de Prester op de Kanzel; he dreih jümmer hin un hęr, awer blot de Kopp weer to sehn, denn he weer verwussen. Detelf much wul bi em węsen, denn in Winter ręken se abends Algebra tosam. Dar weern se liker wit in, dar seten se beid bi achtern Disch, wenn de ol Husholersch de Schüttet wegnahm harr, wo all dree ut eten; awer he kreeg blot Melk to den Bri.

DETELF

Jan Pee hö' in Summer Schap un Detelf muss towiln bi't Heu hölpen. To Feld much he geern, awer harken much he nich, vęl lewer hö' he Schap mit Jan Pee. Mitünner kreeg he Verlöf. Denn maken se sik Scheernfleiten, Sprütten, Grashüpperhüs' un all wat mægli. Mal smeten se mit Slippslappen, dat gung! Detelf kunn toletzt fast de Koppel lank un smeet dær de Heck oppen Wall, dat dat sus'. Do keem en ol Fru ant Dor un scholl: „Ji Slüngels! smit je 'n ole Fru binah de Ogen ut!" un wat se noch mehr sä. Awer Detelf hör nich wider, he dach blot bi sik sülbn: Jung', dat mutt sus't hebbn! Em düch, he kunn General warm! He dach nößen an nix, as wa he en Gewehr oder en Pistol krigen schull.

———

As he noch lütt weer, lęv he bi sin Grotmoder. Dat weer en ol magere Fru, de jümmer mit den Mund kneep. Sin Grotvader seet blot achtern Aben. Sin Vader broch em op en Sünndag hin. Eerst gung he em bi de Hand, nös harr he em oppen Arm. He weer ganz möd un ween, as he ankeem. Sin Vader harr en ruge Mütz op, de schür em annee Back, as he em oppen Arm drog. Nös keem wul sünndags en Mann, de em Koken broch, de küss em ok, awer de Mann harr keen ruge Mütz op, he löv ni, dat dat sin Vader weer.

As heden annem Morgen opwak, ween he banni. Sin Grotmoder gev em Kaffe mit Zucker in, un as se mal rut węsen weer, sä se: Dar is Hans Lemp, de will di besöken! Do keem en lütten Jung inne Stuv, de dat ganze Gesich lach; he stülter æwern Drüssel un harr sin Mütz oppe Hand, dar keek he rin. He sä awer nix un keem op Detelf to. Awer de Grotmoder sä jümmer los: Nu sühe! nu sühe! Do pipen luerlüttje Vageln in en Nest, de weern ganz nakelt, de Ogen weern to un de Köpp fulln jümmer um. Se spęln den ganzen Dag darmit. – He hett den Jung un de Vageln sin Dag' ni vergęten, awer ant Hus dach he ni wedder. Son schöne Vageln gift dat nu gar ni mehr! Dat weer man schad, des Abends weern se all dot.

He harr en lütten Stohl un en lütten Disch, dar kreeg he ok sin Ęten op, awer he war ni eenmal recht satt. Sin Grotmoder seet an den groten Disch un sin Grotvader derachter. Em düch, se eet banni, dat Kinn gung ęr jümmer op un dal. Wenn he denn sin Teller mit beide Hann in de Höch heel un sä: Gosche, mehr! so sä se: Kinner un Kalwer Maat mæt ol Lüd węten! Sitdem bedur he jümmer de Kalwer.

Do keem mal en Mann mit en brun Kasten oppe Nack, so grot as en Brotschapp, den harr he mit twee Reems æwer de Schullem. He rak de Ętschütteln anne Sit, stell sik mit den Puckel gegen Disch un sett den Kasten derop, do stæhn he. De Jung seeg, dat de Kasten richti los kunn, ok kunn he apen mit en Dær, wo en Slætel in pass, un Tweern un Band un all wat mægli weer darin. Sin Grotmoder wisch de Hann inn Platen af, kneep mit de Lippen un fat allerhand mit de Fingern an. Grotvader weer ni binn. As se mal rutgung, sä de Mann: „Du sühst je gar ni hęr, du sühst je ümmer na de Schüttel!" Do sä Detelf, he weer ni satt. De Mann sä: „Du büst so fin, du kriggst wul ni eenmal recht satt?" „Nę", sä Detelf, „Kinner un Kalwer Maat mæt ol Lüd węten!" Sin Grotmoder keem jüs in Dær, do kreeg he mehr un dennös ok jümmer genog.

To don harr he nix, as wenn Grotmoder Kantüffeln opkreeg, denn muss he sammeln. Op den Wall wussen Hasselnstöck, de snee he sik un ree darop. Dat Mess harr de Mann em mitbrocht, de em jümmer küss, wenn he keem un em Koken gev, un wa he Vader to sä. – De Mann hal em ok un broch em na sin Vetter.

Do seeg he toeerst, wa grot de Welt weer! Se gungn den ganzen Dag, un jümmer keem na een Koppel de anner, denn wedder en Wall un denn wedder en Koppel. Banni vęl Hasselnstöck wussen op de Walln un so vęl glatte Ellhorn to Knappbüssen! He wunner sik, dat de Jungens de ni al afsnęden harrn, he harr se gern all mitnam'. Een vun de Hasselnjukers weer doch gar to schön, den muss sin Vader em sniden, den neem he op de Schuller, de weer so lank, – em dünkt noch, wenn he daran denkt, en ordentli Huslatt is körter. Darmit keem he möd bi sin Vetter an un war glik to Bett brocht, as he wat ęten harr.

Sin Grotmoder hett he ni wedder sehn, de is bald dot blęben, sin Vader ok. Se ween ni, as he weggung, awer se kneep vęl mit de Lippen, un Tran'n lepen ęr beide Backen hendal. Grotvader blev achtern Disch sitten, de is ok dot blęben. Wa lang he dar węsen is, weet he ni, doch hett he mennimal Kantüffeln mit opsammelt. Ok mutt he lęsen un schriben lehrt hebbn, dat kunn he al ganz gut, un as he to Schol keem, gung dat heel lusti. He harr besunners Lust to't Ręken. Wenn he tosamtell, dach he jümmer an Hasselnstöck, wa he so vęl vun sehn harr, un ręk sik ganz rik, ok tell he Arfen inne Tasch tosam, un bi't Koppręken bedrog he sin Vetter darmit, denn he ręk ni eenmal uten Kopp, he ręk jümmer inne Tasch. Doch sin Vetter mark dat ni, un so war he bald de Bæwerste inne Schol.

DRITTES KAPITEL

Detelf op de Mæl

In disse Tid schick de ol Husholersch em towilen mit en Achendeel Rogg na de Mæl, de en gude half Stunn Węgs vun se af leeg. Dat weer jümmer en Freid. De Weg gung bald dær en Sandstreck; wenn't recht drög weer, leep dat Sand em in de Schoh, he muss ordentli hindær waden. Dat mak em awer nix. Anne Sit weer en Kul, wo man ok dærgan kunn. De Kanten weern ganz steil, denn dar war jümmer gravt, un de Steenswölken harrn dar depe Löcker rin wöhlt, as wenn se bahrt weern mit en Pumpenbahr. Dar lang' he mit den Arm rin. Ok wuss dar allerlei wunnerli Maas un Krüder, wat he beseeg un plück un wa he wat mit vun to Hus broch. He bedrop sogar mal en Swinęgel, de harr sik ganz in en Dutten Heu vernüsselt un bewümpelt. De sleep sin Winterslap un he broch em ok mit to Hus. In disse Gegend dach he sik in „Arabien", un bi en lütt Dannholt wider weg dach he an Norwegen un Sweden, un so kemn jümmer anner Gedanken, een noch netter un gruliger as de anner; bet he toletzt de Mæl achter de Eck vun en Krattbusch rut seeg. Se stunn ganz alleen, en lütt nüdli witt Hus nich wit dervun, dat Dörp in de Neegde.

DETELF

Gewöhnli seet de Möller sin Sæn, de ok dat Geschäft lehr, un sung. Denn sett he sik bi em hin un sung mit, he wuss banni vęl smucke Leeder. De Jung much em liden. Se vertelln sik wat, stegen ok wul in de Kapp un telln all de Torns in Ditmarschen, se kunn sogar, wenn't jüs blenker, dat Haf sehn. Dat weer en pläseerli Lęben! Allns weer still un ruhi bet op de Steen, allns weer wul stöwi, awer witt un drög, sogar de leddern Tüffeln.

Mal sä de Möller to em, ob he ni Lust to de Mölleri harr un bi em in de Lehr much? Dat weer em noch ni eenmal in Sinn kam! Awer he harr banni Lust un dröm sitdem vun nix as en Mæl un wo he vun de Kapp ut inne Feern keek. Dat mag wul en tęmli Tid so gan hebbn. He leep oft na de Mæl, ok wenn he dar nix to don harr, un weer dar mitto ganze Sünndagsnamdags. Ob he dat dennös sin Vetter seggt hett oder de Möller, de mehrmals na Schol keem, schall he ni seggn. He weet ni wider, as dat't afmakt weer un he na de Konfermatschon ingan schull. Un he dach daran mit all sin Freid.

He weer den letzten Winter awer doch bi den Pastor banni nadenkli warn. Wenn de em sin Plichten un Globen utlę, so neem he sik vær en düchti Minsch un brawen Christ to warrn, un as he vun sin Vetter Afscheed neem, do stunn em dat Lęben vær as en sware Opgav un en sure Arbeit.

Mit son Gedanken keem he to Mæl. Den Möller, de dat mark, gefull dat. He weer fründli un gut gegen Detelf. Detelf weer sinni, heel sik nett un rennli, un dat pass to't Geschäft, dat he ręken un schriben kunn as sunst nüms int Hus. So fühl he sik bald ganz tofręden, sęker un glücklich. Dach he ok eerst fast tovęl an sin Vetter un an sin Paster, so fung he doch bald wedder an sin Leeder to singn, ja, he sung de ganze Reeg dær, bet se all weern un he wedder vun værn anfangn muss. Wenn denn dat ol Krüz recht swunk, so dat jümmer, as de Möller sä, een vun de veer Roden vært Mælnfinster weer un de Schatten darvun within æwer de gröne Koppel jagen, wenn de Steen dreih un klung as en lisen Musik, wenn de Lojeri de Kornsäck herophal, so licht, as weern't Dunküssens, un de frische Mehldunst rük as en feine Blom: so lach em de Seel in Liv, so weer em, as harr he sülbn de Lust un de Kraft, de en Pęrd nich hett, un Mot as keen Fal. De Möller læv em, wenn he em drop mit Sweet umt Gesicht. De Burn keemn un snacken. He hör alle Geschichten sotoseggn uten ganzen Lann, he lehr jedermann kenn, un alle, de dar keemn, de harrn dat sure Gesicht to Hus laten, oppe Mæl war blot lacht un vertellt.

Am schönsten weer't awer mennimal nachts, wenn de Ostwind man lisen köhl. Denn gung de Möller to Bett un æwerleet em dat Geschäft, sä recht vertrut to em: Pass en bęten gut op, Detelf! un he weer denn ganz alleen. Int Dörp wak nüms as de Nachtwächter, sin Horn tut bald neger, bald wider, de Maan schin oder de Nacht leeg op de ganze stille Gegend un dat Gewerk un de Steen inne Mæl klung lisen. Denn gung he rut oppen Barg un dat Hart war em wit, he sung sachen bi sik sülbn, un all, wat in unse smucken Leeder steit vun true Lev un vun Scheiden un Meiden, dat trock em as Musik dær un dær un rein so fierlich! Eerst wenn he afbunn harr un to Hus sin warm Kaffe un Stuten eet, war em wedder græwer to Mot, awer noch oft in'n Drom keem't em vær, as weer't en Klingn un Singn, un op de Welt bewęgen sik Gestalten, de dat Og sunst ni süht.

So war em de Mæl leef æwer allens. Nich mal sünndags much he utgan, he blev lewer oppen Barg un seeg sik um. Int Dörp rökern de Hüs', de Köh grasen op de Koppeln, un langs den Weg fahr mitto en Wagen vull smucke Lüd: dar fahr he in Gedanken mit. Oder he plant wat in den Garn, he frei sik, wenn dat wuss, he seeg na jede Blom, ob de al widerkam weer, he sett sik toletz in de Sünn un dach: dat's nargends so schön as hier!

De Möller harr sin Hæg deran. He kunn sik op em verlaten un em allens anvertrun. Likes sä he doch mal: inhüsi weer nett, sin Sæn harr leider vęls to vęl lopen, awer Detelf much ok keen sünnern Klas warrn. He muss mit mank Lüden, dat hör dar eenmal mit to in de Welt. – Detelf kunn em keen Unrecht gęben.

DETELF

ACHTES KAPITEL

In Krieg un Not

Glikgülti seeg Detelf den Vagtdeener ins Dags in roden Rock un mit en groten Bagen in dit un dat Hus in- un utgan un ok oppe Mæl tokam'. He wuss, wat he broch: de Order sik to stelln. Dat weer em al recht, he much ni länger tosehn. He fühl sik op en Art licht, dat neem em den Twifel vun't Gewęten, he bruk nich mehr to fragen, ob he schul! oder wull. „„Muss" is en streng Krut, hett awer mitünner en Smack as en gesunn Appel, kumt blot op den eersten Bęt an.

He pack ruhi sin Saken, de he ni mitnęhm wull, in sin Kuffer, gev den Slætel un sin æwerflödi Geld an den Möller, ok Bescheed, wat dar mit warrn schull, wenn he nich wedderkeem. Denn verbruk he den letzten Dag, um bi en paar Nawers adüs to seggn un vun sin oln Frünn Afscheed to nęhm'. Eerst darbi föhl he nu frili so recht, wat he verleet an sin Möller un sin ol Klaßen. De Koptein versteek sin Geföhl mit Gnastern vun Bumben un Kartätschen. Sin Anna keek ut Finster æwer de wide Marsch, as gung ęr't man half an. Awer as he do gan wull, dreih se sik rasch um, gung steil op em to, seeg em klar an un sä: Nimm di in Acht, Detelf!

Wa sunnerbar! Ern weer wedder jüs to Mot, as do he vær Jahrn as Jung sin eerste Reis' na Flensborg antrę un ębenso dun düssel he weg un seeg sik ni um. Domals harr de ol Husholersch de sülwigen Wör to em seggt as nu dat lütt egendömli Mäden: Nimm di in Acht! He weer doch ok nu op en Art vull Freid oder wenigstens doch so vull, dat dat Hart em klopp. Wat war se seggn, wenn he torüggkeem?

He weer also Soldat. He vertellt ni geern vęl darvun, annerlüd hebbt ok nog darvun spraken. Awer de Tid is æwer keen hingan, de ni ut en Jung en Kęrl warn is, oder dar steek keen in em, un menni brav Kęrl hett se Eer oppen Kopp schütt oder Snee oppe Haar un Krækeln inne Backen.

He muss sik in Rendsborg stelln. Op Lexfähr drop he al Kameraden in allerlei Optæg, mit allerlei bepackt, wat sur to dręgen weer, oder so lerrig un baar mit en Stock uten Knick inne Hand, as gung't int neegste Dörp to'n Markt. He harr also nich vęl Gelgenheit, an fröhere Tiden to denken, as he al mal æwer de Fähr kam weer. Enige keem' mit Lachen, annere fast mit Ween. Enige harrn al slimme Föt, enige harrn al tovęl drunken, enige nu al keen Schilling vun ęr Reis'geld mehr, ahn dat se recht wussen, wo't blęben weer, un Detelf muss mit uthölpen. Dat gung awer an't Fragen un Vertelln: Wohęr? Wosück? Wodennig? En groten Marschbur-Sæn weer oppe anner Sit, wo sin Vatter em to Wagen hinfahrt harr. He weer en Minsch as en Bom, heet Stark Voß un war glik Flügelsmann döfft, as he nahęr jümmer heet un blev. En wunnerschöne Gestalt un en Minsch as en Lamm, mit den Detelf glik Kameradschaft mak. Ok de Spaßmaker funn sik, de sin Amt al hier æwerneem un tru verwalt hett, bet he bi Stolk int Lopen en Kugel kreeg. Man wuss min Dag' ni, lach he ut Lust oder Vertwiflung. En snurrigen Kęrl.

Un, sunnerbar, as de Tropp sik in Marsch sett, folgen se all Detelf, as harr he wat to befęhln, un hebbt em ok so jümmer folgt, solang' se tosam weern, bęter as Leitnant un Koptein, ob he glik sin Dag' nix to befęhln harr un ok nix befohl. Vęlmehr plegg he noch später to seggn, he harr jümmer darvær sorgt, dat weder Fiend noch Fründ, am wenigsten en Ofzeer je um em wis war, dat weer dat beste vær en Soldaten.

Awer he sorg ok al vun do an vær all de Klenigkeiten, de em un de na em hörn wulln dat Lęben licht oder erdrägli maken kunn', much't gut oder slimm laten: vær sin Föt, vær sin Brotsack, vær sin Flasch, vær sin Lager. He harr jümmer en Drunk, en paar Kirschen, en Stück Wust, en paar Lot Kaffe un to Not vær en Kameraden wat af. Frili keem em darto to Hölp, dat he jümmer Geld harr to rechter Tid to kopen. Awer he harr sik 't ok markt, wat de Koptein em öfter seggt: Sogar in't Gefecht muss man de Ogen apen hebbn, un en ordentligen Soldat weer nie blot Kanonfoder oder en dode Maschin. Un he plegg bi slimme Tiden sik de Wör to seggn, de em bald nadrückli as ut de ol Husholersch ęr Munn int Ohr keem, bald as vun lütt Anna, sunnerbar, oldbelti: nimm di in Acht, Detelf.

In Rendsborg warn se inkleedt un inexeert. Dat weer em gręsi. Wa weer he oft dodmöd vær gar nix! Un wenn de Kęrls dat noch verstan harrn! Awer an Plöcken öben se sik dat abends in, wat se annern Dags as Ofzeers bibringen schulln. Wat war derut warrn, wenn't richti losgun un brukt war! Am tröstlichsten weer't em noch, dat he mit vęle Scholkameraden tosam int Glid stunn, Jan Pee weer sogar sin Nebenmann, de harr ok richti tövt, bet se em repen un de groten Stöhmers Jungs arbeidn mit ęr Flinten rum to'n Tweibręken.

Dat weer en fürchterli hitten Dag, as Order ton Utmarsch gębn weer, na't Norn to, toeerst na Sleswig. – Dat gung ni morgens los inne Köhlen, as Detelf dacht harr un dat vernünfti west weer. Detelf harr in Rendsborg bi en lütten Hæker in't Quarteer lęgen, de mit Lębensmittel, Grütt un Męhl un so wat en kleen muntern Handel drev. Dar weer he bald ganz hüsli west, as hör he to't Geschäft un de Familje: dat Geschäft slog je bi em in, de Waarn kenn he un kunn mal mit en Handrecken don. Dat weer en vergnögt lütt Hüslichkeit un he föhl sik dar glückli un tofręden, kenn al de halwe Kundschop, wo he mit to klæn verstunn un geern mit snack, denn he erfahr sin Deel darbi, wenn he vellicht mal wat Ähnliches bedriben war. He brü un narr de Kinner, snack en spaßi Wort mit ole Fruns un en anpassen mit junge Mädens. Dar harr he den Griff op, so dat wul mal een mehr keem um mit den jungn Möller ut Ditmarschen to spaßen. Darvun keem't nu ok, as he al lang sit den Morgen sin Ranzen packt, Portwin in sin Feldbuttel, en paar Stücken Schokelad inne Tasch kofft un vun sin Weertsfru en Wurst mitkręgen harr, wat he man instęken wull – dat dat um em rum stunn, as weern't de Sinigen. En smuck junk Mäden ut't Hus bian keem noch, as endli de Trumpeten blasen un he mit sin Bepackung oppe Nack un de Flint ünnern Arm rund herum de Hand ton Adjüs gev. Dar warn wull den Dag vęle Tran vergaten, de en Hart muchen week makt hebbn. Detelf heel sik tapfer, as se em Glück wünschen un hæpen op Weddersehn. Awer he harr lang to don um um de Ogen vun de junge Nawersdochter wedder uten Gedanken los to warm. So week un truri seegen se em an. Wat de wul in'n Stillen vær em föhlt harr? Vęllicht noch lang dropen sik nu ęr Gedanken, un denn? Wa sunnerbar is de Weltlop un dat Minschenschicksal!

Also nich inne Morgenköhln gung de Marsch los, dat weer nu al lat Værmdag, un noch sammeln sik eerst de Dusende oppen Markplatz. Dar stunn se denn, pall inne Sünn, mit en Gewicht as en Halfsack Męhl op-

DETELF

pen Rügg, in de enge Mondur, den blanken Helm op, dicht tosam drängt as Schap ton Verkop. So stunn se. Woto? Ofzeers lepen un reeden hin un hęr, um se rum, mank se dær, rop an't Ratshus, dal vun't Ratshus, hier langs de Strat, dar wedder torügg. De Luft war to'n Sticken, dat dur Stunn, hin un wedder full een vun se in Ohnmacht, war wegdragen oder keem mit Water oder en Drunk wedder to sik. Ok de Starksten kunn kum mehr oppe Been stan, as endli en graun Kopp ut een vun de apen Finstern wat herutrę, wat keen Minsch hör as de, der neeg bi weer, un as en Erlösung klung dat Kommando, wat sik dusendmal wedderhal: Vorwärts, marsch! Un as de Waggen op See blenkern de Reegen vun Helms op un dal, de de langen Straten fülln, dicht an dicht, sowit dat Og reck, værwarts un rüggwarts. Trummeln un Trumpeten gungn un dræhn, Hurrah war ropen, Döker un Fahrt winken, un as en Orgelton, de jümmer toneem un æwer de Köpp wegtrock, ja as en Storm klung uns ol Leed dusendstimmig inne Luft un bald ut' Dor int Feld rut: Schleswig-Holstein meerumschlungen, deutscher Sitte hohe Wacht – un is wul selten en Gesang mit mehr Relion sungn warn.

Awer nu de Marsch! De Gegend is sanni, kal un bomlos. Dat is de Heidrüggn vunt Land, truri un öd. Liklank löppt snorgrad de Schoßee. De Stuff steeg as Wulken inne Höch vun all de Föt, all de Wagens vær, achter un to Sit. De Sünn leeg darop as to'n Braden. Harr man noch alleen gan kunnt! Awer Föt vær un Föt achter, hitten Dunst vun den Vær- un Sidenmann. De ewige Bewegung na'n Takt, wat doch am lichsten gung, awer en Indruck mak as en Bootfahrt, wer't ni wennt is, ward vun't Ansehn seekrank. De Sweet leep in Ström dal, de Stuff sett sik in allens fast. De Lüd segen bald ut as keen Minschen. Dat dur ni lang, so harr jedereen sin Feldbuttel lerrig un bę sin Kamraden um en Drunk, de ok nix harr. Dat war stumm un dump in de grote Minschenmasse, unheemli war't un gręsi. De Marsch harr noch nich en paar Stunn durt, so lęn al wülk sik sitwarts inn Schoßeegraben, as fulln se hin, un dat hölp nix, dat Ofzeers heranreeden un se opkumdeern mit gude Wör oder Mordschelln. Man seeg se't an, se kunn ni mehr. Towilen leep een mit en fürchterli Geschrigg, wat garni menschli klung, ute Reeg inne Heid to Sit herin un störrt mit de Arms inne Luft dal. En Flüstern gung um: dat weer de Sünnstich, de keem nich wedder op. Denn warn vun de Wagens ran befahln, un de Starksten drogen de Unglücklichen an Been un Schullern as en Sack, um se daroptopacken.

Detelf sin Scholkamrad Jan Pee war bi't Exiz vun sin Kamraden meist vær'n Burn brukt. He seeg mit sin Bart, de em æwert ganze Gesicht na alle veer Winn' wuss as Bessenheid op en Moorknüll, mehr as en Wilden ut. Darto harr jüs he sik to en Rędner rop arbeidt. He harr sik op sin Reisen en bęten vun Berlinsch Blickensläger-Dütsch opsammelt, wat Handwarksburschen do geern mit to Hus brochen un mank uns Hækers un Kramers as Hochdütsch utgeben, womit he nu Vaderlandsgeföhl un Soldatenanstand utsprok mit Handslagen darto. Recht de Mann vær den Spaßmaker, de gegen em an arbei. „Sterben für's Vaterland! ni wahr, Jan Pee? Kein schöner Tod ist auf der Welt! Junge, awer Mehlbütel mit Swinskopp ok nich to verachten, wat denn?" Bet towilen Detelf em torecht wisen muss: „Markst ni? Se narrt di je! Pass man op din Banjenett, dat du mi ni stickst."

Jan Pee weer bi dissen Marsch de Mann. Küll un Hitten fat nich op em. Menni arm Döwel, de kum mehr jappen kunn, lę he un de grot Stark Voß æwer de Leddern oppen Wagen, as drogen se kranke Kinner. He harr darvær später dat Recht mitto sin Geföhl Luft to maken, ahn dat man em brüden döss. He kreeg sunst den innerligen Sünnstich, sä de Spaßmaker. Sogar int Gefecht kunn he't ni laten, rich sik achtern Wall op, wo de Kęd achter leeg, de Dän vær sik, un fech mit de Arms: Wir wollen fallen wie die Helden! Jo nich, Jan Pee, sä de anner, buck di man dal un scheet man. Wat he denn ruhi as en Geschäft besorg.

Och, de Marsch weer fürchterlich! Detelf harr nog to don, dat he sik bi Besinnung heel. Towilen fung em de ganze Gegend an to flimmern, as man't wul inn Fröhjahr æwer en Husdack süht oder langs en nie plögt Land, as stunn dar Water haben æwer, wo de Luft mit spęl. Denn vergeet he ganz, wo he weer. Stimm' keem' em int Ohr, as he wul Dreihorgeln hört harr vun de Heid hęr, as he noch bi Grotmoder weer, to Summer Pęrmark oder so, Stimm' as vun vęle Lüd, wo doch wülke vun rut klungn as de finsten. Dat weern Mädensstimm! De smuck Nawers Dochder ut Rendsborg keem mit en Schal Water, rein so kold! un wa seeg se em an!

He wuss frili, dat't Inbildung weer. Nimm di in Acht, Detelf! sä denn lütt Anna mit de ol Husholersch ęrn harren Ton. Un he muss sik oprichten, na Ogen un Ohrn föhln, mit sin Nebenmann spręken, wa sur em't ok war, denn dat rüttel em op, as en Minsch oprüttelt ward, de dat Fewer hett. He fror ok mehr, as dat he hitt weer. Op en groten Sootswang beweg sik dat halwe Regiment to, as Mireems æwer en Fotstig treckt, – wa lang dur't, ehr man dar weer! Detelf dach an sin Reis' as Jung na Flensborg, ungefehr æwer desülwige Gegend, un sack wedder torügg, as man in en Drom torüggfallt, un sin ganze schöne Tid vun fröher stunn em lębendi vær de Seel. Bet he denn endli ok an den Ammer ran keem, wo de Minschen vær legen un sik drängn, as goll't dat Lęben. Wat't ok wul dę. – Dat weer de Anfang. –

Dat harr sik doch wul all dręgen laten, harr man en gut Enn afsehn. Ja, wenn dat vun uns afhung' harr! vun uns egen Lüd, vun uns egen Willn! Awer de muss je en Brett vær den Kopp hebbn, de ni sehn kunn, dat de Fadens ganz annerwärts trocken warn, wo hier de Poppen na danzen, un wi weern toletz ok nix anners. Wi wussen all, dat England uns verkopen war vær en guden Bott, un hörn bald ok, wa man in Berlin ünnern Disch krop, wenn de grot Russ mit de duppelte Fust darop slog. Unse Generals mussen jümmer na twee Siden kiken, zweien Herren dienen, staats op den Fiend lostogan un em dat Jack vull to haun. So keem keen rechte Freid in uns, dar hung nix vær uns ut, węder grote Ehr noch jüs en anner Lohn, as dat wi unse Plicht dan un de Kęrls mit enanner wis't harrn, wat en Holstenjung is.

Doch he denkt ni geern daræwer, ob he't glik mit to Enn brocht hett, so gut as disse eerste Marschdag. Dat gev en Tid, wo man nich daræwer denken kunn, ahn dat een dat Haar grau war. Ok domals hölp nix, as dat man de Welt gan leet, as se leep, un sik darmit tröst, dat man sin Plicht dan harr.

Un doch, wer mucht't entbehrt hebbn? Wer much wünscht hebbn, dat weer nich so kam oder he weer nich darbi west? Dat weer doch en schöne Tid, en grote. Dat weer en Tid, dat Hart mal umkehr un allens utbörrst, wat anrusst weer, un oft dat Beste keem denn eerst to Dag'. Wer hett do ni mehr dacht un föhlt as sunst sin ganz Lęben lang? Dat weer

DETELF

en Tid, wo de Minsch dörchsichtig war bet op sin letzten Blotsdrapen. Do lehr man Minschen kenn un wahrafti achten, wenn't noch wat to achten gifft. Dat weer ganz wat anners, son Kamradschaft op Lęben un Dod, as sunst en bęten gude Nawerschop un en bęten guden Willn. De Minschen warn dærenanner wültert as Karten bi't Spill, un oft keem Spanbur bi Treffkönig neegbi to liggn un weer en bęter Kęrl. Em hett menni Grafensæn de Hand drückt un he hett sehn, dat ęben all' Lüd Minschen weern. Sik sülbn lehr he schätzen, un as he ni mehr bang weer vær den Dod, wat schull he dat bęten Lęben fürchten vær de Tokunft? So hett ok em de Tid to en Mann smędt as vęle annere.

Wa geern denkt he noch an dat eerste Lager na den hitten Marsch in de kölige Nacht in en Haudiem dicht bi Sleswig oppen frien Feld ünner den bogen Himmel! Wo söt hett he slapen! As he mal opwak, seeg he mit Verwunnern de blanken Steern æwer sik so still blank geruhig un fründlig, as lachen se em to oder winken em, un he horch æwer de ganze Eer hin un hör keen Lut as sin getruen Jan Pee inn deepsten Kinnerslap un witaf en Ton, as wenn en Hund bell. He hett sik oft dacht, so muss de Minsch egentli jümmer husen un slapen künn.

He weet noch den Morgen, mal, dat he ęben vær Dag Posten stunn buten Dörp an en Feldweg. Inne Schummern keem' en paar Hasen, spęln, as wenn se danzen. As wenn se darop tövt harrn, fungn de Lurken an to singn. De Dag steeg int Osten op, so still, as wull he de Welt ni störn, un, as he Werda? ropen muss, denn he seeg węn den Weg lank gan, do fahr he binah ębenso vær sin egen Stimm tosam as de anner, de en smuck junk Mäden weer, dat na Melken wull. Se beiden waken, as't schin, mit de Hasen un Vageln alleen. He kunn't ni laten, dat schüchtern arm Kind so wit sin Maal 't toleet, lank to bringn un vun ęr to hörn, wa't Vader un Moder gung, as weern dat sin egen. He seeg ęr lang na un dach torugg, as se mit blanke Föt dær den Dau darvunil. – Un mit de Sünn hör he Trummel un Pipen un fast in Ogenblick blenkern Helms un Banjenetten in en lange Linie twischen de Knicken sitaf, un en lustigen Gesang schall wit æwert Land hin. Weer't Krieg?

Ja wul, weer't! Wer bi Idstęd un bi Friedrichstadt mit węn is, de kann dat seggn. He süht noch de twintig Bataillons oder wavęl't denn weern, as man se op eenmal æwersehn kann, oppe Heiloh. All uns Lüd. Wat vær Kęrls! As de Böm! Achter sin Stark Voß seeg Detelf mennimal, dat en Ofzeer de Hand mit sin spitzen Finger inne Höch heel um to męten, ob he mit sin Pickelhuv lik kam kunn. Un weern se ok nich all so: wat vær Lüd harrn wi to Pęr, wat vær Pęr harrn wi darünner! Wat værn Artilleri! Sä doch General Willisen sülbn, dat he se nich so gut sehn harr. Een kunn wul dat Hart inn Liv lachen, se antosehn. Un wer wull ni dacht hebbn, mit so'n Heer jag' man den Döwel inne Netteln, wat denn nich den Dän' uten Lann. He süht noch den verwagen Zastrow sin Pip smöken, as snüffel he inn Wind, ob man noch nich Pulver rük. He hett den Oln von der Horst as vær Ogen mit sin fluddrigen Bart un en Stimm as ut en lerrige Beertünn, as de merrn int Für reep: Man ruhi, Lüd, tövt man! Nich minner den lütten Leitnant Borgfeld, en Möldörper Jung, mit man een Arm, wo he jümmer den Säwel mit inne Luft heel, un sung luden Hals væran, un de lerrige Ärmel fludder as na'n Takt an de anner Sit na sin egen Willn bi an. Wer harr ni mitsungn, weer ni mitgan?

Sunst vun Mot un Courag' to spręken is en egen Ding. Mit de Angst geit 't as mit de Seekrankheit, keen Minsch will se hatt hebbn. Dat weern lang' ni de leegsten Kęrls, de dar anfung' to ween', as toeerst de Kanon' brumm', un dat hölp Jan Pee nix, dat he vun de eerste Granat, de in sin Neegde platz, en Stück opsammel un værwis' in sin Rędnerton: Mit solchen Dingern da schießen sie! Denn wenn man ok vær sin groten Bart ni sehn kunn, ob he rot oder bleek warrn dę, so harr de Ręd doch keen Ton, un de Spaßmaker kunn't ni laten em to seggn: Du meenst wul, Jan Pee, se schulln di mit Appelsina smiten. Inn Grunn weern wi all lik, wennt warrn kann man allns, as de Bäcker sä, as he den Aben mit en Katt utwisch, awer de Kreatur jankt doch, un't beste is toeerst, dat de Minsch ni gut umkehrn kann. Nös ward 't anners. Doch bringt dat bi uns ni licht een so wit, dat dat Kriegsgeschäft em en Handwark ward. Wenn dat Mot heet, so wasst dat Krut ni bi uns. Awer wenn't Mot heet, sin Plicht to don, much de Kreatur ok in een sik umkehrn, wenn't Mot heet an sin gerechte Sak löben, wenn man ok süht, dat de unrechten Hann de Kaar fat hebbt un se vellicht in Dreck fahrn ward – as 't bi uns so weer –: denn hebbt wi em. Dat hebbt uns Lüd bewis't in de Hauptslacht, de wi lęwert hebbt – bi

DETELF

Idstęd – un wi harrn se wunn', sęker, mit en General an de Spitz, as wi em nich harrn, un en paar mehr gude Ofzeers. Dat kunn bi uns jede Burjung sehn, de de Ogen apen hatt harr.

Dat Feld, dat dar düngt is mit Blot vun Holsteener un Dän inn Summer 1850, dat Slachtfeld vun Idstęd, liggt oppe Höchde vun Sleswig, an beiden Siden vun de Flensborger Schoßee, de dat merrn dær snitt, dat Dörp Idstęd ben rechts af to Osten. Dat grote Westergehęg reckt bet fast ran anne Schoßee, un links süht man noch dat Poppel- un Elmholt, ok Hüs' vun eenige lütt Dörper, as Helligbęk un annere. In disse Gegend leeg uns Heer den Abend vær den 25sten Juli, süden to, Detelf mit sin Kamraden in de drütte Brigad na't Südosten, in un bi en Dörp Güldenholm, Breckling un dar hinto. Man wuss, dat dat los gan war.

Den 25sten, al lang vær Dag, kak Detelf sik sin Kaffee. Dat plegg he to holn na de Koptein sin Rat: Sik eerst verrnünnern un vernüchtern, mal an uns Herrgott denken, vær sin Magen un sin Föt sorgen un denn na sin Saken sehn. – He weer awer ditmal noch kum darmit fertig un lur darop, dat de Dörpsklock veer slagen schull, do hör he al dat Teken to'n Opbruch. Mennig slaprige Kamrad muss sik mit en koln Drunk un en Stück Speck un Brot behölpen. – Dweer vær streckt sik fast en Mil Węgs rechts un links, vun't Osten na't Westergehęg, de Langsee, bi Güldenholm führt dar an de smallste Stell en Lopbrügg ræwer. Dat weer de Weg, wo in en lange Linje de ganze Brigad hinæwertrock, noch in'n Morgenschummmem. Dat weer en grau wætrige Luft, dat weer ni düster un weer ni hell, awer de Köhlen dę gut na de langen hitten Julidag' værhęr. Dat damp æwer de Reeg, de langs de Brügg marscheer, bet se bęwer; as vun frische Pęr, de ęben uten Stall kamt, un as en warm Dak trock dat æwer dat blanke Water. Dat weer lusti antosehn west, harr man nich an wat anners dacht. Awer se weern noch nich all passeert, so hör man links ræwer de eersten Kanonsläg', un Jan Pee greep sik mit de fiv Fingern in sin Bart un sä: „Nu geit't los, Detelf! Lat se kam'n!" Dat dęn se frili so gau nich, obglik de Kanondunner bald vær de ganze Front langs dræhn un man meen, bald dat dat Gefecht neger, bald dat't wider wegtrock. Man formeer sik, leet en Deckung anne Brügg un trock langsam gegen den Dän an. Op eenmal keem denn ut en Krattholt en Ofzeer rutjagt, dat Pęrd in Schum, op den General to. Dat heet Halt, dat heet Rechts in en Ogenblick drop, un nu weer't, as weer dar wul in den Oln fahrt, denn he reep mit sin Stimm as ut en lerrige Tünn: „So Jungs, ausgelangt!" Un værwarts gung't na Westen an Fahrenstęd verbi de Gegend to, wo man vun Stolk inne Feern eenige Hüs' harr bemarken kunnt. Se weern wedder verswunn, denn dat fung an to ręgen, eerst lisen, bald in grote Drapens, denn as got dat ut Ammers, dat dat vun de Röck un Stęweln leep un bald de Węg' twischen de Knicken warn as toręden Lehm bi en Tegelie. Doch dat heel uns Lüd ni op. Man schüttel mal dat Water vun de Aermeln un de Pickelhuv, man wisch mal den Hahn af, um de Flint faster to packen, man trock mal den Reem üm'n Liv tosam un fühl na den Buttel un de Patrontasch un harr de Ogen værut un na alle Siden mank de Büsch dær, ob he bald opduken much, den man söch. Achter de Feldmark vun Fahrenstęd seeg man eenmal ok links af vun de Höchde, wo jüs de Krüzweg æwer löppt, en Knul Minschen hin un hęr wogen, as man wul Meiers süht op en grot Wetenfeld bi een vun unse Hæv in't Holsteensche; dat buck sik un rich sik op, dat drung værwarts un keem torügg, Gewehrsalven knattern un braschen dartwischen, as wenn man Säck Arfen oppen Husbæn utgütt, Qualm steeg darvun op as in't Værjahr bi't Heidbrenn. Awer dar gung de Marsch nich op to. En paar Wagens, de darhęr keem', mussen holn bliben, bet dat Detelf sin Bataillon væræwer weer. Jan Pee leep nieschirig heran, um intokiken, un Detelf bög ok en Ogenblick af, as he seeg, dat dat de eersten Verwundeten weern. Wa schreckli! Dar leegen se in't Stroh! Dat Blot leck dar dær in't Wagenspor un war wegswemmt vun den Regen as vær de Dær vun en Slachterhus. He seeg man en Ogenblick hin, wo dar een achter leeg as in't Verscheeden, un vær em seet en annern mit en bleek Gesicht un Blot anne Hann. De harr he fohlt un sä to Detelf: „Ik heff Fru un Kinner

DETELF

un seeg se wul ni wedder. Awer", sä he un wenn' de bleken Ogen gegen den Ręgen nan Hęben, „dat mutt sik wul all hölpen, wenn nu uns Sak man gut geit!" Detelf kunn em natürli nix seggn as en lerri Wort, dat he't ok hæp. Denn muss he wider un sin Platz holn. Denn dat gung fast in't Lopen na Stolk to. Dat seeg man wul: dat goll dat Dörp to besetten, ehr de Dän dat neem. Dær de Knicken brok man, wat to sin Afdeelung hör, æwer de Koppeln leep man, dært lange Korn, wo't een natt umme Been slog un ünner de Föt tosamsack, as gung dar en Wülp æwerhin. Bet man wedder en Wall drop, æwer de Gröv sprung, sik in de Hasselnbüsch fast greep, rop weer, hindal – as störrt de Eer in vun en Sandkuhl, un süden op dær de Hæv un Garns op de Hüs' to störm. Dar störrten de arm Lüd herut un uns langs ęr bekannten Garnstig' entgegen. Fruns, Mädens, Manns in Hemdsmau'n mit lüttje Kinner oppen Arm, ol Lüd, de dat Draben sur full – all mit Dodensschrecken in't Gesicht. Wülke harrn sik in en deepe Sandkul verkrapen, wo süden vun't Dörp achter de Garns Detelf in't Lopen dicht verbikeem, vellicht al sit de Morgenschummern dar sęten, denn se weern as uten Slap opjagt, deelwis' in Nachttüg un man half antrocken. So hucken se in'n Ręgen achter't Öwer. Detelf seeg man inne Flucht en oln Mann mit en witte bomwulln Tippelmütz op un mit grote Winterhannschen an, sunst awer Hemdsmau'n, un de Ręgen leep em langs sin grisen Bart dal. Dicht bi em seet en junge Fru mit en Kind anne Bost, vellicht Dochder un Enkel. Achter en Busch hucken ünner en groten Rgenschirm twee halfwussen lütt Dierns, de gewiss ni harrn utslapen kręgen, Angst un Mödigkeit streden sik um se. En paar veer-, fivjährige Bækers backen mit vęl Vergnögen Koken ut den natten Sand. Dat weer man mit en Blick bi't Væræwerlopen, dat Detelf dit seeg, as en Bild in en Glasdær, de sik vær een umdreiht: awer wat he ok sehn hett innen Krieg vun den Krieg, nix is em dütliger un schreckliger blęben as disse Ole un disse Kinner in'n Ręgen inne Sandkul. He dach gar ni mehr an sik un de egen Gefahr, de dar neeg nog bi weer, nich an sin Kamraden. He sprung achter Jan Pee an æwer Hecken un Tun weg un weer een vun de eersten, de in't Dörp rinkeem un mit enige mehr en Hus besett: so weer ęr Befehl. Dat halwe Dörp kreegen se vull Mannschaft, oppen Noorenn maken de Dän dat ębenso, un man seeg, ehr man sik ordentli

DETELF

umsehn un inricht, so dat man wuss, wo man sęker stunn un sęker schot, dat vun darhęr en ganze Brigad inrück un dat dat hier hitt hęrgan war.

Detelf keem mit Jan Pee un en half Dutz Kamraden vun achtern in en lütt Hus, jüs ęben værhęr, ehr de Dän dat vun værn reckten. Jan Pee weer de eerste, de glik dær de Kæk, wo man rinkeem, op de Husdær losstörrt, sik dargegen stemm un sä: Dat's dat grötste Lock, wüllt dat eerst mal toholn. Dat weer wul dat richtige Manöver west, denn he stunn man ęben binn ann Platz, so war der vun buten anfat. Doch harrn Detelf un de annern kum de Finstern reckt, um vun dar den Ingank to verwęhrn, so weer al de Tropp Dän æwern Weg dervun, um dat neegste lerrige Hus to faten to krigen un to besetten. Dat gev denn uns Jungs so vęl Tid un Luft, sik ordentli umtosehn un intorichten, denn dat war hier sach en Spill warrn as „Harbarg is min". Dat weer en lütt Kætnerhus mit en Stuv un Kamer vær, de op de Dörpweg seegen, links gung awer ok noch en Snittweg verbi ut' Dörp, en lütt Eckfinster seeg dar rut. Na Detelf sin Plan, de dat all rasch æwerseeg un de dat nu to'n Vordeel keem, dat sin Kamraden geern dęn, wenn he blot wat sä, haken se de Finstern ut un stoppen se bet op lüttje Löker mit Betttüg vull, wovun de inlaten Bettstelln vull legen, noch warm vun de arm Lüd, de dar ęben rutjagt węn muchen. Gegen de Dær bunn' se de Bænledder, stelln Banken, Stohl, Dischen, Bręd un wat los oder los to krigen weer, dagegen un gegen de dękern Fachmüern un lęn sik derachter, de Flintenlöp gegen den Weg rut.

Ni lang, so slogen de dänschen Spitzkugeln gegen de Fedderdęken un Bürn as gegen Mhlsäck, ok wul mal twischendær un gegen de Wand, dat dat Kalk se um de Ohren flog. Denn de Haupttropp vun de dänsche Infanteri störm in dicken Strom vun't Norn de Dörpstrat lank. Hoge Ofzeers in en ganzen Klumpen dicht achteran. Wo haun unse Kugeln dar hinin! As gung nich een feil! Detelf hett man eerst nahęr hört, dat dat de dänsche Generalstab west is, de Hauptgeneral Schleppegrell mit dermank, wovun de meisten hier bleben ni wit vun den Krüzweg. Se fallt, as wenn man Bohn meiht, sä Jan Pee. Awer in den Pulwerdamp un Larm süht man nix jüs genau. Doch deit man denn koldblödi sin Plich. De dicke Knuel war torügg drängt, gewiss slogen unse Kardätschen dartwischen, de vun't Südosten den Weg bestreken. Vun't Hus ut seeg man

DETELF

blot, dat en Getümmel norden ut gung. Awer dat keem wedder torügg. En dänsche Batterie jag bet in den lütten Sidenweg dich bi an, harr awer kum mal afprotzt, so drängn uns' Jungs dar heran dær de Tuns un Knicken, haun un schoten de Kęrls dal un jagen mit de Pęr un Kanon darvun rüggwarts. Doch gung dat mit de wild warn Deerten langsam. As Detelf se ut dat Sidenfinster naseeg, hör he op eenmal en Dunnern, as wenn de Eer bęv. Dar jag en Swadron dänsche Draguner achterna, de Kanon weddertohaln. Do hör he lud op plattdütsch ropen: anne Walln, Jungs, ruhig, lat se kam! Un as en Waterschuss langs de Slüsbęk so klabastern de Rüter in den Weg hinin, Säwel æwern Kopp. Denn schall dat Kommando: Feuer! Un hin störrt dat as en Knuel æwer enanner, Minsch un Pęr in een Hupen. Unse Jungens warn deelwis' bet in den Wall un Knick rin ręden. Doch weern se klok west un stunn meist an de linker Sit, so dat fast nüms vun se mit de Pallaschen to recken weer. Awer vun de Dän keem ok keen lębndi torügg. Mit en furchtbar Hurrah dräng' uns Bataillon nu ut beide Węg' herut, ut de Hüser keem' se, de se besett harrn, ok Detelf mit sin Kamraden, un æwer de Doden un Halfdoden weg drehen se mit Banjenetten un Kolben de arm Lüd vær sik hęr, as man Schap langs de Weid drifft. – Dat weer de Slacht bi Oberstolk. Se weer wunn'. Ol General von der Horst steek sik sin Pip an.

Awer dat Blot, womit dat betalt weer! De Pris! Un de Gewinn, de darvær inkofft! Schüllt wi't værręken?

In den Sidenweg legen de Doden schichtwis', meistens Dän – ok Minschen. Inne Dörpsstrat legen se, as weern se streit, vęle, as harrn se sik noch en netten Platz utsöcht, menni een, as wenn he sleep, dat Gesicht op de Arms oder den Kopp gegen den Wall; man harr em wecken mucht, wenn nich en Blotstrom ut de Sit, dær en Lock inne Mondur oder en roden Pohl rund um sin Lager wis't harr, dat 't de letzte Slap weer, wo man nich wedder opwakt. En jungen dänschen Ofzeer, en smucken Minschen, de Kopp vull kruse brune Haar, wo em de Tschakko vun affulln weer, leeg so still, as rau he sik, harr ęben en lütt Bild besehn, wat he inne Hand gegen de Bost drück, un denn de Ogen en bęten tomakt. Detelf erinner sik, dat he em fast vær en Ogenblick værhęr harr de Dörpsstrat mit sin Tropp hendalkam' sehn. Vellicht een vun de Kugeln ut sin egen Harbarg much em drapen

DETELF

hebbn. He harr nix to liden hatt. Nich wit darvun leeg ok de Spaßmaker vun sin egen Bataillon, noch mit en Lachen inne Mien! Awer dar legen ok wülk, as harr de Vertwiflung se hinsmęten, Kopp to ünners, Been to höch, Wut in't Gesicht oder ok nich mehr to kenn. Un dat weer noch nich dat Slimmste. Dat Slimmste weern erst de, wo noch Lęben un Stimm in weer! Detelf hett noch Jahren to don hat, se ut de Gedanken los to warrn, so fürchterli weer't. Huln un Schrigen is denn fast noch ehr uttoholn as Stæhn un Wimmern, denn dat verfolgt een noch in'n stillen Slap, wenn lang de Tiden anners warn, Winter un Summer daræwer verlopen, Gras wussen is op de Blotstelln un Vergęten æwer den Jammer. To'n Glück – oder Unglück – harr he ok keen Tid wider, as dartwischen dær to gan un to sehn, wo sik de Ogen nich vun afwenn' leten. Hölp mussen annere bringn un hebbt se sacht brocht, so wit Minschenhölp reckt. Vær Detelf sin Afdeelung war Sammeln blas't, un dat Kommando lu: Sitaf ut't Dörp südwesten to.

Do se man ut' Dörp herut weern, keem dat Detelf vær, as harr he't all drömt, wat he dar ęben belęvt: so still ruhig legen de Kornfelder to beiden Siden vun dat Redder, wo se in marscheern, grasen Köh un Pęr, as weer gar nix Absunnerligs los west, sunnern keem' nieschirig ant Dor, noch en Happen natt fuchti Gras int Mul un sehn sik dat Volk an. Dat Wedder klar sik op, de Kanondunner schall ut de Gegend von Idstęd oder Helligbęk ræwer as vun en Gewitter, wat aftreckt. Darto kumt Hunger un Dörst den Minschen jümmer mal to Hölp, wenn he sunst vellicht to Schann gan kunn in de grausame Welt mit sin week Hart merrn twischen. Jan Pee eet al int Gan an en Stück Speck un Brot ut de Hand, dat harr en Döscher Ehr makt na de eerste Morgenarbeit, un bald eet de ganze Reeg vær un achter, un de Feldflasch war lerri makt bet op den letzten Drippen, de ruttodrücken weer.

Dat gung wedder na de Brügg to bi Güldenholm, wo se morgens æwer den Langsee gan weern. Warum? Dat kriggt en Soldat nich to węten. Seggt war in de Reegen, as man marscheer, dar harrn sik Dän in'n Rüggen vun de Horstsche Brigad wist. En Ordonnanz harr dat lud toropen. Dat weer je frili natürlich, denn se harrn se utenanner sprengt, so mussen sacht wülk na'n Süden kam' węn. Doch dat mussen de Ofzeers węten. Awer de Soldat föhlt dat, wenn't rüggwarts geit, dat war still inne Reegen, un Jan Pee frag' Detelf: „Knipt wi ut?"

105

DETELF

Ja wul, dat den wi: wi knepen ut – op Befehl, General Willisen harr den Kopp verlarn, wi nich de Slacht. De twete Brigad heel noch still op den Placken gegen't Westergeheg, wo se hüt morgen holn harr inn Regen. Vær de heet dat so gut: Kehrt um! as vær all de annern. As man sik oppe anner Sit Güldenhohn un de Langsee oppe Schoßee na Sleswig drop, do seegen sik alle Kamraden verwunnert an: dat weer en Rüggtog! So wat hebbt wi erleben musst! Wi trocken frilig mit lustige Musik dervun un in Sleswig rin, „mit klingendem Spiel", as man seggt: awer mit wat vær Gesichter seegen de Börgers uns an! Un op den annern Enn vun de Stadt fahr dat herut den Weg æwer Bustorp, wo mal de Preißen rinkam' weern, an Beamten un wat sunst Hannemann to fürchten harr, to Wagen un to Fot, un en verstännigen Minschen kunn sik seggn: Is allens umsonst west! Allens! „Unter den Mauern von Rendsburg wollen wir uns sammeln und sie schlagen", meen Herr Willisen. Wi kunn uns dar geern sammeln, dat wussen wi noch, awer se warn keen Narrn wen un nakam, wenn se ganz Sleswig harrn. So vel wussen wi ok.

Detelf seet torüggbleben op den Weg na Rendsborg, den 26sten Juli, an't Öwer, wo en Familje ut Bustorp em en Putt vull warm Arfen rutbrocht harr, as Willisen mit wülk to Per værbikeem. Schmeckt's, Kamrad? reep he em to. Sta ni op, Jan Pee, sä Detelf, un se langn beid in den Putt un eten er Supp.

Menni Kamrad fehl dar, as se sik in Rendsborg sammeln. Wa seegen de meisten ut! Düster oder ingrimmi! Dat weer, as harr de Spaß mank Detelf sin Tropp en Enn hatt, sit de Spaßmaker hin weer. Darto Rendsborg sülbn! Detelf söch glik sin lütt Hækerfamilje op. Em weer, as kenn he de Strat nich wedder, as em en fremd Gesicht oppe Del antwor. Do keem't eerst langsam rut, dat de ganze Familje – as menni een mehr – an de Cholera utstorben weer. Detelf leep, as folg em de Dod as en Gespenst, dat he ut de Gegend keem.

Un doch weer dit noch nich dat Argste. Dat Argste keem eerst, as man inn Harst wenigstens noch wat don un den Dän wat wisen wull, ehr man sik de Flint ut Hand nehm leet. Dat weer de Geschichte bi Friedrichstadt. Dat dar nix ut warrn kunn as en Minschenslachteri, wussen sogar de, de't anfungn. En Minsch, de as Detelf de Marsch kenn, muss't as en reine Dullheit værkam. Dar sünd uns Lüd denn ok inne Gröben störrt un verdrunken as Rötten. Dit inne Nacht, æwer natt Land, wo man nich mal loskam kann bi Dag' mit en Kluwerstaken inne Hand. Detelf is dær en Lock vun den Dik stęgen, wo de dänschen Granaten, de de Stell genau kenn, so vęle tosamschaten harrn, dat he æwer en Hupen Dode weg muss. He hett in Klei wadt, dat he wul nich mehr en Minschen ähnli seeg: un darbi pipen de Kugeln um em rum as Hagelkorns. Awer man ward glikgültig ton Erbarmen. He steek sik mit en Rivsticken en Zigarr an, as he op eenmal de linker Arm dalsacken fühl, ahn dat he em wedder ophęben kunn. He harr en Kugel kręgen. Em weer't ganz recht, he harr nu sin Deel betalt un döss umkehrn. Em wunnert blot, dat vun den Bliręgen em Kopp un Hart verschont blęben is. He krabbel in Düstern alleen torügg, bunn sik en Taschendok um den Arm un töv achtern Dik den Morgen af.

Vęle Lüd ut Ditmarschen, vun Lunn, Hennstęd, sogar ut Heid weern mit Ęt- un Drinkwaarn kam, un vun de Ęrigen en Erquickung to bringn. Vær Detelf weer der nüms. He föhl sik flau un fürchterli verlaten un eensam. Do, he denkt noch mit Schudern daran, seeg he en lütten Schoster ut Heid, den he recht gut kenn, en spaßigen lütten dicken runn Mann, mit en Armkorf, wahrschinli mit Spisen, vun Tropp to Tropp gan un na sin Johann fragen. De stunn ok in de drütte Brigad, ebenso'n lütten dicken runn Kęrl. Detelf hör em, dat weer noch inne Morgendämmern, so dat he em nich seeg: Hebbt jüm min Johann ni sehn? Hebbt jüm min Johann ok sehn? Un he war denn wul wider vertröst, bet Detelf em wedder hör: Min Johann ni sehn? Em war gręsi darbi to Mot, man kunn je nich węten, wa't toletz luden war. Detelf dach jümmer an den Vers, de em noch vun sin Vetter ut de Scholtid hęr mit en lütt Ännerung dær den Kopp un't Hart gung:

> Er frug die Reihn wohl auf und ab,
> Er frug nach seinem Namen,
> Doch keiner war, der Antwort gab
> Von allen, die da kamen.

He hör em toletzt ok noch seggn: Na, denn mutt ik wul alleen wedder to Hus gan. Un he sett sin Korf dal, sik darbi in Moratz un ween bitterlich. Alleen to Hus gan! Dat weer ungefehr ok dat letzte, wat Detelf vær sik dach. He funn sik eerst wedder, as he in Rendsborg in't Lazarett verbunn war. Glücklicherwis' weer't keen Wunn, de em en Lid stif mak, wenn se em ok en Tidlang de Besinnung nahm' harr.

Ok hett he deshalb nich mit belęvt, as wi de Flinten aflęwern mussten, wat noch mennig een dat Hart braken hett, de dær alle Kugeln heel mank dærkam weer. Un wa vęle hett dat uten Lann dręben, wovun menni een noch inne Wildnis in Brasiljen de Kugel kręgen hett, de he lewer hier hatt harr.

Un doch hebbt wi de Hoffnung nich fahrn laten, dat't an't Mal föhrn war, dat't nich umsunst weer, wat wi dan un lęden harrn.

Sogar as de Lüd wedderkeem' mit de Waffenröck an, de se uns uttrocken harrn, mit de Flinten, womit wi op se schoten; as de Farkenjüten wedderkeem' mit ęr nętigen Haar un ęr jüsen Swin un bi'n Handel lud mit uns sproken, as ręden se unse Modersprak, de wi blot noch ni richti verstunn, awer nu bald lehrn warn, as menni rotköppi Gesell, den wi as dänschen Korporal sin Tid kennt harrn, as Kontrolleur oder Brandrekter wedderkeem un æwer't Heider Mark spazeer as Napoleon æwer't Feld von Marengo, as de ole Dütsche Bund, de sęli afdankt harr, fröhli wedder introck un de dütsche Kaiser, de wi binah opweckt harrn mit unse Kanon „an den Grenzen des Reichs", in sin Barg wedder inslapen weer, as dat Märken vertellt, mit den Bart dær den steenern Disch wussen: bi uns blev de Hoffnung waken, dat't wedder losgan war sin Tid un to Enn föhrt. Wer noch en Büss beholn harr, de öl se in as na de Jagdtid un slot se in't Schapp oder lę se inne Lad, dat dreeklört Band darbi, un wer æwer sin Husdær dat holsteensch Wappen harr anmaken laten, de nagel en Tafel swart Blick æwer dat Nettelblatt, sęker in Gedanken, dat he oder sin Sæn dat mal wedder afdecken war sin Tid, wenn't wedder losgung, um to en Enn brocht to warn. Bet dahin faten wi wedder den Plogsteert an oder den Spaden, den wi verlaten harrn, um de Büss oppe Schuller to nęhm, grepen na Hamer un Elß, je na unse Geschäft, un arbeiden, as weern wi dar ni vun west. Wi kunn dat, denn wi harrn unse Plicht dan.

DETELF

Awer allerdings harrn wi de Hoffnung ok nödig. Dar weern noch sware Tiden uttostan. Wat weer't en trurige Wihnachten 1850! Wat weer't en truri Niejahr! Detelf sin Arm weer nich so slimm west, awer he harr sik wul verkölt in de Nacht ann Dik oder wa't sunst kam weer; he leeg lang int hitzi Fewer in Rendsborg. Nadęm weer he swack as en Kind, un allens drop un röhr em duppelt un dreefach. He hett in sin Lęben nich so vęl weent as in'n Anfang vun't Jahr 1851. Dat weer afmakt, dat de Östriker de Oldstadt in Rendsborg besetten schulln, de Dän dat Kronwark. De Lazaretten warn utrümt, blot wat to swack weer, blev liggn. Detelf hör darto. Dag vær Dag marscheern uns sleswig-holsteenschen Bataillons mit vulle Musik dær de Stadt, Detelf hör se een na't anner værbitrecken, he harr starben mucht, so truri weer he. Abends söch em denn wul een un anner Kamrad un Bekannte op, um Afscheed to nęhm. Dat enn meistens mit en Jammer, denn menni een wuss ni mal, wat ut em warrn schull, vun't Land un de Sak nicht mal to spręken. Dar weern Lüd ünner, de Stunn lank bi Detelf seten, de twee groten Hann op de beiden groten Kneen as kunn se dar nix wedder mit anfaten. He hör vun nüchterne Lüd, de daglank drunken harrn, ganz still op desülwige Stell, as wulln se sik dotdrinken, un weern denn vun en paar annere anne Arms ut Süderdor trocken, as man en Schap treckt, un se gung doch to Hus. Och dat Slimmste vun de, de ganz to Schann gungn, kreeg he ut Barmhartigkeit al gar ni to hörn; harr't ok wul ni afkunnt. Sin Scholkamrad Jan Pee keem mit en ganz verwillerten Bart. He kenn em kunt wedder ahn Mondur. He wull inne Fremdn. Sä egentli nix as: Na, adüs, Detelf! wul twinti mal.

DETELF

Neuntes KAPITEL

Alles to End

[...]

———————

Dar liggt en Hof open Klęv twischen Marsch un Geest, de langn Stücken mit blanke Gröben derachter, de graun Sandbargen darvær. In den smucken Garn to sit wannert en glückligen Minschen; warum schull he't ni węn? Dar hört weni to, wenn de Kopp apen un dat Hart gesund is. He mag ni umsunst smustern, wenn mal de Landvagt op sin Witten verbiritt, as jüst vunabend, un de Bedeenter op en Brun en bęten achteran. De Büsch künnt vær den ni frischer grönen un de Wulken an Hęben ni goller węn. He süht em na un wünscht nich to tuschen; denn vun sin Hus hęr dær de bæwer Poort kumt en slanke Gestalt op em to mit Gesundheit oppe Backen un Lev inne Ogen, un wenn he de umfat, so hollt he sęker dat Glück mit beide Hann'.

> Nord un Süd:
> De Welt is wit!
> Ost un West –
> To Hus is best

TRINA

[...]

Dat gift Minschen mit twee Gesichter, vun jeder Sid een, as Schipper Dreßen, den sin een Back weer jümmer vergnögt un de anner verdrögt. So gift dat ok Ör un Nester as Timm Steen sin Bęrnbom, de drog op de een Sid Summertitten un op de anner Winterpermutten. Möldorp is son Nest. Um den Torn verspakt dat Gerüst, ehr man to't Utbętern kumt, man meent, dat war een oppe Nack falln, wenn man langs de slechte Steenbrügg rumpelt, wo nix een begegent as ole Wiwer in Snippen. Awer bi de Holthandler sin Eck drippt man en ganz nien Anwass, dar stat de Hüs'mit niefogte Müern, dar ligt de Gærn bi Dutzend int Gras, de ni gan künnt, de krupt, de lüttsten slapt oppen Arm oder inn Schot, un een oder de anner smuck Kinnerdiern süht een lang achterna, wenn man na Odderad herutfahrt.

Ähnli stunn Old un Niet tosam in Jan Niklas sin Gewęs'. – De Weg vun Möldorp führt in en Bagen um dat Fieler un Heider Moor, man süht den spitzen Heider Torn jümmer to Linken inne Feern. Gelinn kumt man mank de Knicken op de Höchden, de vunt Süden na't Norn dær ganz Ditmarschen treckt, un hier finnt man, verstęken mank Hölter, Odderad, jüs an den Afhang na't Moor hendal.

Man kunn wul sęker węn, dat achter irgendeen vun de Knicken en groten Hot opduk, denn Jan Niklas sin Land leeg na dis Sid herut. Dar weer he mit bi't Plögen un Sei'n, un wenn he nich vęl hölp, so seeg he doch to. Awer he hæg sik innerlich, wenn he stört war, lang sin Knecht Swęp un Leid hin, keem mit sin blid lütt Gesicht oppen Wall mank de Büsch, un weer't man en Ditmarscher, de verbigung, so kenn he em oder sin Vetter oder sin Ohm, un man muss mit em, un sin Angreten muss en „slanken" Kaffe kaken, dar hölp keen Remedi gegen.

Wat værn lütt ol Hus, as wenn dat sik dalhukt harr ünner de groten Böm rund herum, dat Maas wuss opt Dack, dat Gras bet ünner de Sidenfinstern, de Köh kunn rinkiken. Hier hus' Angreten int Gröne. Un wat værn lange Schün, wo de letzten Facken noch splinterniet vun weern un en glatten Kruthof to Sit.

TRINA

En Paar kralle Ogen keken gewöhnli al ut de Husdær, wenn se wat Besunners hört harr, un mit vęle Wör nödig se herin.

In uns olen Burhüs' na den echten Snitt kumt man vun de Grotdær op de Grotdęl, en netten Rum, in Summer schatti un köhli, na en Tour inne Sünn vun Möldorp hęr oder de Heid en prächti Antrę, tomal wenn de Husfru mit Kaffe un egenbackten Stuten draut. Links kumt man de Kæk værbi, un achter, an den ruhigsten Platz in dat ruhige Nest, liggt de Dörnsch.

Bi Jan Niklas weer dat noch stiller as annerwärts, dat much vunt Öller kam, ole Hüs' hebbt dat an sik, man föhlt sik as bi ole Lüd, de lisen umhęrslarrt un sachten sprękt. Smokige Ständers un Balken mahnt an Grotvader un Grotmoder, de man sülbn hat hett, un an de stille Tid, wo man öfter hör: sachen, sachen, Grotvader slöppt!

Inne Dörnsch nu gar weer't noch binah schummeri darto bi helligen Sünnschin. En Reeg Linnböm, glatt scharn as en Ligustrumtun, læhn buten dicht ant Finster as en gröne Gardin, un de helle Sünn leeg darünner op den Grashof, dat de ganze Stuv grön schimmer. En Ruhbank mit weke Küssens, de in Æwerflot herumligt, dreihte Armstöhl mit ębensücke, wo man in versacken un ahn en Eerdwinn kum wedder rutkann, fęhln natürli ni, un ębenso weni en groten Kachelabend mit mischen Stülper un Knöp. De weer gewöhnli dat eerste, wat man wis war, wenn de Ogen sik towennt harrn, un Jan Niklas seet denn al deep in en Stohl, mit en Knop twischen de Fingern as Handgebęr, un nödig een ok dal.

Ruh weer dar un Fręden! un allens pass tosam, as weer't tohopen wussen un opgan. Awer de tum ersten Mal keem un de Ogen ęben erst apen kreeg, de mark gewöhnli man int Sitten un wenn Jan Niklas sä: Lütt Trina! dat noch wull inne Stuv weer. „Lütt Trina! lang mal den Taback hęr!" Ehr harr man en ol Grotmoder vermoden mank all dat Öllerdom as son frisch Blot, un lütt weer se am wenigsten, wenn se dat Neihtüg wegschov, week un smidi ut ęr Eck rutkeem, ahn en Glup Taback un Kalkpip hinstell, Kæl in en mischen Fürfatt hal un höfli sä: Willkam, bedeen Se sik! Ant Spręken hör man, dat se noch junk węn muss, so vülli weer de Gestalt, blot de Kopp schin en bęten torüggblębn, dat weer ganz Jan Niklas sin Gesicht, fast en bęten lütt vær dat dichte Haar. Ehrnfast gung se glik wedder an ęr Arbeit, man blot dat Knistern un Knirrn, wat so ökern un frędsam deit, leet noch hörn, dat se dar weer, un wenn mal int Snacken wat Besunners værkeem, so heel ok dat op, un en Paar glänzen Ogen keken ruhi un klok ut de ruhige Eck.

Verlęden Winter harr der oftmals en Visit bi Jan Niklas inkęken un ton Værjahr keemn se noch öfters. Meistens weern dat Mäklers, denn dat Korn steeg noch jümmer inn Pris, ok keem wul en Möller oder Brenner sülbn ut de Heid oder vun Möldorp herop, wo Odderad in en Bagen twischenin liggt, un Jan Niklas plegg se to holn un leet sik utföhrli vertelln vun allns, wat op Geest un Marsch passeer, vun Land un Lüden, denn Avisen warn ni lęst as dat Itzehoer Blatt, wat bi de fiv Burn gemakli herumgung, dat broch Jan Niklas jeden Sünnabend mit ute Heid vun en Bokbinner.

Nu awer weer ok en jungn Bumeister hüpi bi em værlopen, de mit Hans Grimm to don harr, vær den Riss un Anslagg mak un vęl beklæn. Hans Grimm weer de jüngste Bur int Dörp. He harr sik hier vun Angeln hęr infriet un vun dar de Bulust mit hęrbrocht. In Angeln weer dat Buden en Tidlang hinab en Krankheit warn. Dar muss jede Bur vær sin Enn en Palast opsetten un en nie Art Stöhlwagen inföhrn, anners kunn he keen Rau finn. Ok in Ditmarschen fung dat hin un wedder an un gev wenigstens vęl to snacken.

De Bumeister harr al hier un dar herum in Lann Niebuten opsett. He weer en täti driftigen Minschen, wenn ok ahn vęl Wör, he weer lang in Hamborg as Meistergesell węn un harr wat vun dat Rasche an sik, wat son Art Lüd krigt, vær de de Tid Kaptal is un Zinsweert hett, wogegen de Bur darmit umgeit as de Oss mit de Moltmæl un gedülli sitt un tövt as de Katt vært Muslock: kumt der wat, so ward dat wul kamn.

Jan Niklas hör gern to un frag nip un verstänni, wenn de Timmermann sprok un vun Hans Grimm sin Ansläg' vertell. He frag em ut æwer en bequemli Schün, æwer en warm Bos un rennlige Lohdęl, æwer sin Buten, de he opsett oder ünnern Hann harr. De junge Meister sett em dat kunstverstänni utenanner. Dar lepen wunnerlige Wör mit ünner vun Swęrter, Hahnhölter, Krüz- un Tappenverband, vun Stręv- un Hangwark: dat muss all verdütscht warrn, wat Jan Niklas fat, dat muss he ok begripen,

TRINA

un de Meister harr darto jümmer Tid nog, as't schin, dat much mit to't Geschäft hörn, Ansehn tut gedenken, sä de Hæker inne Heid, oder em gefull de Kaffe un de Stuten, de Angreten bald broch un geschäfti af un to leep. Trina seet darbi inne Fenstereck to knütten oder neihn.

En Mann ute Heid, mit en Sprak, de wat to Enn bringn will, is al so vær en Burhus as en Lufttog in en Busch. Leet Jan Niklas sik værręken, so süf Angreten intwischen wenigstens noch na en nien Keller, wenn se jüs binn mal so lang Tid harr, un Trina bu in Gedanken Schün un Hüsen na ęr egen Gu un Pläseer. Se dach sik darbi ut, wa in son Hus to wahn un lęben weer, as de Meister nu jüs utenanner sett, Dörnsch un Kamer dęn sik vær ęr op, se gung un verkehr darin, as stunn't ünner Dack un Fack, seeg ut de Finstern æwer de Gegend, seeg de Lüd, de der keemn un gungn, un ęr Gedanken spęln wit umhęr. Wenn de eemsthafte junge Mann denn Krit un Matstock ute Tasch lang, op den brun Disch Tassen un Romguss torüggschov un ute Hand mit wenige grawe Stręken Grund- un Opriss hinteek, so keem se ok herbi, keek æwer Vader sin Schuller mit verstännige Ogen to, un Kopp un Gedanken harrn noch lang to don, wenn de Meister al op den Weg na de Heid uten Sicht weer.

Een Morgen um dis Tid, as Jan Niklas mit ut weer de erste Hawer to sei'n, keem he all fröhtidig værmdags wedder mit wul Fremds torügg, so dat Angreten, de den Meister vermoden, em al vun feerns inne Möt kik. Denn gegen sin Gewohnheit snack he mit, dat man em hör, un se seeg, dat he dat iwri harr. Den he mitbroch, weer en jungn Minschen, hoch wussen un mit eckige Schullern, de jüs ni utseeg as een, de op en Pip Taback herum to Hus hör, un doch so betęmli gung, mit dærtrocken Kneen, as gung he nawern, un mit Jan Niklas snack as en ol Fal mit sin Moder. Wat Værnęhms weer't jüs ni, un de Hann harr he inne Tasch. Awer Angreten heel sik doch inne Schul un leet se eerst langs de Grotdęl passeern, wo he sik ok ni buck noch stülter, as harr he dar al ehr in Düstern Eier langs dragen, un gradut mit nan achtern nan Dörnschen tostür. He weer wat bleek vun Gesicht, jüs ni ungesund, awer as uns Lüd nich to węn pleggt, de de Botter vunne Karrn ęt un de Melk vunne Koh, en bęten knaki oppe Been, dat much doch en Sadler oder son Art węn, de toletz doch noch en paar Proben ut de Sidentasch krigt. Un de Heiders sünd gar drok, Jan Niklas la' sik nagrad allerlei op, he nödig em blid herin: kumm in Dörnsch! un de Fremde seeg noch na alle Kanten, na Kæk un Sidenkamer, un trę in Dær. Trina weer der binn to wischen, de seeg kum um, op de gung he to, un as he beide Lippen as en Paar Kirschen tosamtrock, plitsch de Ogen kneep un müffel as en Kanink, seeg se em eerst verblixt grot an, dat he en Schritt torüggtrę, awer in en Ogenblick lach ęr Kinnergesicht ünner ęrn langn Koppdok herut, un alle dree warn lud, as se sä: Peter, du Knępmaker, wo kumst du hęr? Dat harr Angreten buten ni umsunst hört, ok schin de Stimm ęr bekannt, so keem se achterna un hör, wa he sä: Ik bün al en Tidlang wedder inne Heid un muss doch ok Odderad un min Spęlkamrad mal wedder sehn. Un nu gung dat an en Herrje, Hannschütteln un Verwunnem.

Dar harr fröher in Odderad en Smid wahnt, en Mecklenborger, as gewöhnli. Denn de echten Ditmarscher weern vun Oln hęr blot Landlüd un kum wat anners. Handwarkers keem oft ute Fremdn, Handelslüd meistens, se funn Verdeenst un Fortkam bi uns, een trock de anner in sin Geschäft ut sin Bekanntschaft na, un vele gungn toletz mit Geld torügg in ęr Heimat oder bleben ok hier behangn un besitten. So kregen wi de Kęteldręgers vun de hollandsch Kant, wo fröher wul uns Grasmeihers er Geschicklichkeit öben un Dalers un Geschichten mitbrochten vun Langewiel un Rennlichkeit, - de Linnmannskramers ut Westfalen, sogar de Zigeuners keemn, un noch in unse Tid kamt de jüsen Lippschen to't Steenbacken. En jeder broch uns so ut sin Land bi de Waar un Kunst wat vun sin Slach un Art mit, gut un slecht, de Meckelnborger meist en Portschon Grofheit, woran wi sülbn sumst jüs keen Mangel harrn. De Smid in Odderad heet Stamp. He harr nix Besunners an sik hatt, en bęten tovęl Brannwin drunken, tovęl rog Speck ęten, ok wul to faken flökt, wenn't ni nödi weer, awer ehrli un fliti weer he węn, un twee Kinner harr he optrocken, de öllste en Mäden, de jüngere Peter, de Knępmaker, as Trina sä, en fiv, süss Jahr öller as se, doch awer er Spęlkamrad węn menni schöne Dag lank. Denn de Smid weer stapelbuls dot blębn, as Peter noch en Kind weer, de Moder leet em sin Willn un leet em herumspęln, as he al harr mit arbeiden kunnt, se heel de Stern blot so lang, bet ęr Dochder na Meckelnborg weg an en Verwandten verheirat war, do weer

TRINA

de ganze Familje wegtrocken un de Smęd ingan. Un as dat so kam kann, dat een ganz alleen opwasst merrn mank Minschen, so weer ok Trina nadem alleen węn, ahn en Kumpan. Kinner weern der nich int Dörp as gar to junge vaer ęr, ol Ted sin Dochder weer to grot. So kenn se nüms recht, as de se inne afgelęgen Schol drop, un Spęlkamraden harr se ni hatt as Peter Stamp.

Keen Wunner, wat dat værn Fragen un Vertelln bi't Weddersehn gev. Angreten much gar to geern węten, wa em't gan weer un wat he nu bedrev, ob de Moder noch lęv, ob de Swester dat gut gung: awer se töv na ęr Gewohnheit selten recht de Antwort af, so frag se al wat anners, un Trina weer ok redsęliger as sunst, so dat de Snack umleep as en düsi Aantküken um de Melkbütt. Trina wull węten, ob he noch wedder na Odderad finn kunnt harr, ob he ęr Hofstell, ob he noch allns wedder kenn, ob he ęr glik wedder kennt harr?

He harr ęr seggn kunnt, dat se opblöht weer vun en Paten to en Ros', de jüs ut den Knuppen brickt. Blöd weer he ok nich, sä awer doch blot, se weer banni wussen un grot warn, awer ęr Gesicht weer noch gradso as dotomalen, do he ęr toeerst bi de Hand mit na Schol brocht harr. Se weer domals süss Jahr węn un en ganz lütt, fin Ding as en Höhnerkük, awer grote Ogen harr se hatt un domals ünnern Arm en grote Tafel. Ünnerwęgens harrn se op den langn Stig gęle Hunnblöm plückt, denn dat weer inn Fröhjahr, ut de Stengeln en Kęd makt, de Trina umkreeg, un ut de Blöm en Kranz umn Kopp. So marscheern se na dat eensame Scholhus, Perzepter stunn mit de Pip vær Dær to sünnbaken, den kenn Trina ganz gut vun ęr Vader hęr, wenn he em besöch un de Zeitung mitnehm, un weer gar ni bang. So vęl Kinner, as hier Tick un Pęrd spęln deen, ok Kaasball, Hinkerputt un Produkten, harr se awer noch ni eenmal sehn. Se weern ok all ut Satzbüttel, Bunsoh un Offenbüttel hęrkamn un keemn nu all um ęr herum un gungn mit se herin. Awer binn weer dat slapri un rük wunnerli, un wat Perzepter sä, dat knarr so, un Peter muss anne Tabelln. Do fung se an to ween all mit ęrn schön Kranz oppen Kopp, un as Perzepter ęr frag, do sä se: Ik mag ni alleen węn.

Dat vertell de junge Mann mit de nüdlichsten Gębęrn, dat dat vær all dree en Freid weer, un Jan Niklas rev vær Freid sin Abenknop.

Peter Stamp weer bi ol Ted værkehrt. He keem ut't Dörp ni so bald wedder fort, as he seggt harr. Ol Ted sä, ünner en acht Dag' goll dat bi em vær keen Besök, he schull sik man eerst mal utrecken, nös muss man doch ok noch wat klæn'n, Stöhl un Betten harr he vær em un noch wück mehr, un de Tid keem jümmer vunt sülbn. Vær Trina weer dat en Freid, ęr gungn in stilln de Gedanken dær, wat't nu all gęben schull, de Dag' segen ęr frisch un heiter ut. Grote Dingn weern't nich, se harr nich mal angęben kunnt, wat se haep un hoff, awer ęr weer't wichtig genog un harr dat man ęrn Kanarjenvagel angan. Frei se sik doch al vun Wihnacht an op den stameln Hans Ruh un sin Süster, de inn Fröhjahr ton Törfgraben keemn. Wat kunn de gar bringn? nich mal en ordentligen Snack, denn sin Süster hölp em jümmer umsunst to de Wör. Awer dar keemn denn doch twee nie Gesichter jeden Morgen to'n Kaffe un abends to't Ęten, un vær ęr keem en ganze Welt der mit, ok wenn se se blot bi sik wuss.

So sünd enmal uns Lüd, un son junk Mädensseel is schüchtern un nieschiri as en Nachdigal: wa geern süht se de Welt, awer jo verstęken un jo nich to lut! Bi wull Fremds kunn se lurn as op en Geheemnis, de Klang vun de Stimm, de Ogen, de Mien weern ęr wichtiger as de Wör; dar pröv un prüf se ęr Seel deran. Vær son Gemöt is en Minsch as en Bok, wat man Blatt vær Blatt dærgruwelt un innerli in sik vertęhrt, keen Wunner, dat vær se en Wort, en Spruch wedder lebenni ward as en Minsch, de to se ręd. Wenn se man ut Finster æwer de Gegend seeg, so sproken Büsch un Böm to er vernęhmli, dat gung der umher un dær er hin as de Aten ut en Blomhof. Man süht dar vun de Höchden æwer ganz Norditmarschen as æwer en Teller, dat Moor to værn, de Dörper verstreit, lankhin streckt sik de Heider Bomalleen vær de roden Hüs', un wit achter de Marsch blenkert vun Wesselburn bet Moldorp as en sülwern Stręmel verlockend de See. Wat vær Gedanken harrn dar nich Platz? un de Weg stunn vær se apen bet Hamborg herop un bet æwer de See na Engelland.

Peter Stamp weer den annern Morgen al fröhtidi wedder bi Jan Niklas. He harr ol Ted sin groten kalmucken Rock ankręgen un en Paar bunte Tüffeln vun de sęli Tedsche. Denn he harr sik ni richt op lang blibn un muss doch wat anhebbn, sä de Ol, wo he in rumrungzen kunn. As Angreten ut de Kækendær glup un em wedder ni kenn, kratz he mit

TRINA

de bunten Föt as en Hahn, baller mit de widen Maun anne Sit as mit Flünken un kreih hell op. Darmit gung denn Gelächter un Snack wedder los, wat gar ni afriten kunn. Bi sin Knęp füll Angreten sin Klüteri in, un wa he al as Jung nett anstelli węn weer. Se kreeg em mit na Kæk na en Slött ant Schapp, wat drang gung un æwersnapp. Dar huck he bi un dreih, as de Frunslüd iwri tokeken, kreeg dat ok mit en par Griffen in Ordnung, leet sik dat awer ni nęhm, dar in alle Ecken herum to glupen un to fünßeln, sovęl Angreten ok hölpheel, un trock mit en Knast Zucker af, dat smeet he hoch inne Höch un fung dat denn glikgülti ünnerwgens mit den Mund op. Dat gev awer noch anner Klüteri un Gebręken, dat weer Angreten to nett gelęgen, Trina keem ok mit wat, Peter kunn allns hölpen, flicken un placken un verstunn mit allns umtospringn. He wuss noch, wo in Hus' de Nagelkorf hung, Sag un Betel, Hamer un Frittbahr hal he tosam, as harr he dat güstern abend weghungn, plant sik en oln Disch inn Pesel op mit Schruvsticken un Hæwelbrett, as wull he dar vær de Tokunft sin Warkstęd opslan, un as Jan Niklas tot Lüttjmiddag vunt Feld to Hus keem, funn he em vær vull int Püsseln un sin beiden Frunslüd bi em mit splęten Naschen un ręten Aschern, mit lahme Scheern un krumme Wirn, un wenn't man Trina ęr drange Natelbüss oder en verbögten Fingerhot weer, so war dat halt un beduert, un Peter muss dat bedoktern un beplastern.

Dar harrn se't hilt bi, un Jan Niklas hung sik mit æwern Disch. Denn nębenbi vertell de Peter gar to nüdli. Dar drück he en ol blickern Teedos' de Buln ut un wrung mit de Hand derin rum un kunn denn anfangn un vertell vun sin Meisterinsche, de banni gizig węn weer. De harr ok son grote blickern Teedos' hatt, binah as disse, awer grön lackeert un en bęten affellt un gröter, umpass as en Botterkarrn hoch, awer man weni Krut derin. Dar harr se jeden Abend mit den opkrämpten Arm, un de weer as annerlüd ęr Dorsul, bet oppen Borrn in hendallangt un mank de dree værsten Fingern en paar gröne Spirn wedder mit rut brocht, wo se en heel Pohl Water opschenk. Botterbrot gev dat darto, wenn ok nich to smerri, un sünndagsabends meist Bratelsch inne Schüttel. Nu harr he markt, dat se jedesmal een Sid vunne Sett genau vær sik dreih un harr dacht, wat dat bedüden much. Lang harr he umsunst gruwelt un der ni achter kamn kunnt. Do harr he mal ins opsehn, as wenn oppe Strat wat Absunnerligs værgung, un ropen: nu süh an! un as Meistersch un Meister sik umsehn, harr he de Sett dreiht un do ok richti markt: Meistersch wenn'sik jümmer de fettste Sit to. He harr awer keen Mien vertrocken un sik dat smecken laten. Sitdem weer't bęter warn.

Darbi keem 't nebenbi rut, dat he bi en Sadler ordntlich utlehrt harr, reist harr he ok, smuck Tüg harr he un Geld oppe Fick, awer wenn Angreten nu nieschiri mehr frag, so dreih he jümmer mit en Infall de Schüttel um, un de lustige Sit weer gewiss jümmer vær em.

So blev Peter Stamp een Dag na de anner, denn wat behagt, ward licht en Gewohnheit, keem een Morgen na de anner vun ol Ted æwern Weg, eet bi Jan Niklas sin Fröhstück, oft ok sin Middag, hör bald mit tot Dörp as de Böm, de dar wasst, un de Vageln, de dar bu't. He gröt un sprok en jeden, harr vær jedermann en egen Art em to Wort to bringn, vær jede Hus sin Tid un Wis' to kam un to gan. He seet dar en Minut opt Geländer vær Dær, keek dar bi't Verbigan en Ogenblick dært Finster, nüms dach mehr wohin un wohęr, vær de meisten weer he de Spaßvagel, de der kam weer as de annern un sin Melodie op sin egen Wis' sung. Awer allerwärts weer he derbi, smök abends mit ol Ted sin lange Pip, vertell de sin Dochder Spökelgeschichten, bet se gruli war, un wenn he oppe Grotdęl Knechts un Jungs drop, so drill he ok de un wipps mit en smerri Gesicht dervun. En Sünnabend weer he mal mit ol Ted na de Heid węn un harr sik Hemdn un dägli Tüg mitbrocht, en Sünndag führ he mit em in sin besten Staat na Hastęd to Kark, ut Dag'warn allmähli Węken.

Dat Fröhjahr rück heran, mit dem keem de Arbeiders na Odderad, de dar blot vær den Summer to don hebbt, am meisten bi den Törf. Richti keem ok de stameln Hans Ruh bi Jan Niklas antrecken, as de Swülk oppe Dęl un de Hadbar opt Hus, mit sin ol Süster, de em bi't Torfgraben hölp, ębensovęl ok bi't Snacken, wenn de Wör em to swar fulln. Trina gung se blid oppe Dęl entgegen un weer glückli, as de truharti Arbeiter ęr mit de groten Hann æwer de Backen strak un er vertell, dat se en vullstänni, smuck, witt Jümfer warn weer. Peter weer jüs derbi, lach as en Spitzbov un drill ęr, dat se son Freid harr an en tobraken Ręd un stækern Leef-Leefhebber, wobi he glik den arm Hans verbister un em genau nabeer,

TRINA

un sä, he muss man bi em inne Lehr gan, um bi Trina en Steen int Brett to krigen, sin Süster harr al gut profteert. Un nu funnt sik denn ok, dat de würkli en bęten stülter un anstött, wenn man ęr oppen Mund keek, un as Peter se denn foorts beide int Vertelln broch un sik quanswis mitöv un toletz beid vertörn, do gev dat en lächerli Babelsnack, dat Jan Niklas dat Liv anholn muss, awer Trina war bös un gung weg.

Se kunn dat ni utstan. Se kunn dit un dat ni liden. Lachen much se ok, awer op annerlüd Kosten, dat weer ęr hässli. Se kunn ni liden, dat man vær Spaß een weh dę, dat man een wat wis mak, brüden un drilln weer ęr toweddern. Se much ni mal hebbn, dat he de Katt ni in Fręden slapen laten kunn oder de Spitz narr, ahn dat de em mark un dat arm Deert as ut Gespensterfurcht hul un utneih, un de boshafte Ulenspegel vertrock keen Mien un lock em wedder an mit fründlige Wör. Se weer ni peeweek, se kunn wul en Duv slachten, wenn't węn muss, oder en Fisch utnęhm, awer ehrli muss dat hęrgan. Doch denn seeg se wedder, dat Spitz un Pudel em nalepen, un de am meisten, de he am argsten quäl, un he weer wedder fründli un deenstfarri, wenn man't gar ni vermoden dę; wenn man sik abends argert harr, keem he morgens as de Sünnschin int Hus, wo allens bi ophell un Vader un Moder rędsęli bi warn. Wat schull man denken?

Mit Hans Grimm sin nien Bu war't richti Eernst. De Platz war afstęken, dat Hus keem wat wider værwarts herut, dat he mehr Rum to de Hofstell un to en groten Garn kreeg, den he anleggn wull. De Garn schull na den Afhang dalgan, dat Hus reck half in den Appelhof rin, half keem dat in en apen Koppel, de sik na't Moor afsenkt, de gewöhnli int Gras leeg un mit Melkköh beweidt war. Dar mussen wülk vun de uroln Appelböm umhaut warrn un en grote Esch inne Eck, de wul Jahrhunderten darstan un noch de Friheit un de Slachten sehn harr æwer dat Fieler Moor. Jedermann duer deræwer. En lange Streck vun den Wall mit de hoge Knick war dalręten, dat gev en grot Verännerung int Dörp, as gev't en Eerdbęben un allns war unsęker. De Lüd lepen dar hin ann Fierabend tosam, um den Gruel mit antosehn, vær de jungn doch en lusti Spektakel. All wat ut den Grund keem, war bewunnert, de vertissten Wurteln inn Wall, de groten Grausteen inne Deep, Kenners versękern, de wussen nu ni mehr, wenn de Sünn se beschint harr. Un wat kunn dar ni noch sunst all rutkam? vellicht mal wat ganz Sunnerbars! Trina kunn sik dat toeerst kum denken, dat son Verännerung mægli weer. Se harr dat hier nie anners kennt as schatti ünner de Böm un köhli in den Amtmannskohl, nie anners as sünnig æwern Wall um den twęlten Schürpahl un mank de ruhigen rötligen Köh. As de Esch umhaut war, stunn se fast ängstli derbi un seeg de Exen ęr int Fleesch faten. Man harr bet den Abend mit de letzten Släg' tövt, wo allemann int Dörp weern bi't Umhaln to hölpen. De junge Bumeister stunn un komdeer lut un steenharti, he seeg ęr hässli derbi ut un doch værnęhm, se harr en Gruen vær em krigen kunnt, denn allemann faten mit an de Reep un trocken na de Takt, den he angev, sogar wülk Fruns un ęr egen Vader, de dat Enn heel, un schändli repen se hurah, as de prächtige Bom gnasch un brasch un demödi oppe Sit full. Do wisch de Bumeister sin Hann af as en Slachter un befohl wedder wat Nies.

Na enige Dag' weer de Platz ębent un de Grund afstęken. Man wenn' sik an den Fręvel. Dat gev ganz nie Węg', de man sunst ni gan harr, un wo nu jedermann tre ut Nieschir, ganz nie An- un Utsichten keem apen, man kunn sik ni genog verwunnern, wa de Gegend en anner Gesicht kreeg, man keek sik noch wedder mal mit umhęr un entdeck wat, wo man sunst jeden Dorpahl kenn, so wit dat Og reck. Dat war en netten Tidverdriv un rein en Pläseer, besunners wil man ok annerlüd drop. Ol Ted harr sik bald en egen Sitz op den Eschenstamm erobert, de blot utpullt war un liggn blev, en Ast deen em as Rügglæhnelsch, dar funn man em den ganzen Dag, wenn't gut Wedder weer, wo he tokeek un mit de Arbeiders klæn oder de em sunst ann Weg keem. Peter Stamp weer der gewöhnli to drapen, ok de Frunslüd int Dörp keem mitto mit Knütttüg darhin.

Trina verwunner sik, as de Grund to de Müern leggt weer, wa lütt alle Gelaten warn. Se harr den Bumeister mehrmals den Riss wisen un teken sehn un sik in Gedanken ganz wat anners torecht stellt. Se sprok mit Peter deræwer, mit den se wul allerlei beklæn. He brü ęr un sä, de Timmermann harr den Riss na de Grashüpperhüs' nahm, de Trina as Kind ut Swęwelsticken un Kartenblæd ut Mitliden vær de arm Tiern, de nachts

TRINA

buten sitten mussen, opbu. Awer he war doch eemsthaft, as he seeg, dat Trina sik ungedülli umwenn', he bedü' ęr vernünftig, dat dat jümmer so leet, bet de Müern umhöch weern; un as se tosam dær den Appelhof to Hus gungn, weer he sogar de eerste, de sachmödi op ęr Kinnerspilln torüggkeem, wat se so geern harr. Trina weer in de Jahrn, wo son junk Seel toeerst sik besinnt un ahnt, wat kamn kann, un wul al wehmödi torüggsüht op en Tid, de kum to Enn is, wo awer dat Hart ni lengt, as nu mitünner, un doch sülbn ni weet wona? En Minschenhart is en wunnerli Ding, en Mädensseel is as en Blom, wo kumt ęr de Duft hęr? Se seeg ut ęr blauen Ogen besunnerli umhöch, denn plegg se de Hann an sik to drücken, un se sä: Wa weer't en schöne Tid, Peter! do weer allns gut, du weerst ok anners! He schu sik to lachen, as se so rę an sin Sid as en Prester, weer se doch antosehn as en Engel vun baben, ęr Haar glänz in den Abendschin, so fram seeg se ut. Fast as in Andacht gung he op ęr Gedanken in: „Am schönsten weern doch unse Garns, de wi anlęn, weest du noch, lütt Trina?"

Och ja, bedü se, op den Steendisch ünnern Bęrnbom, den Grotvader uten Goldbarg gravt harr. Wi füllen em uten Kaben vull witt Sand, wat ik inn Platen hindrog, du makst dat ęben un plantst de Böm, ik plant de Blöm. Gott wa egen! wi maken dat blot ganz fröh inn Fröhjahr, wenn wi toeerst wedder buten durn kunn, denn awer ok alle Dag' vun Morgen bet ton Abend, nös war't ganz vergęten, awer alle Fröhjahr keem dat wedder, as de Vageln kamt. Ik weet dat noch genau darbi: din Böm, dat weern de Kättschen vun de Wiebeln un Fleddereschen, de so nüdli rot un gęl de Wull rut kikt, se sünd dat eerste, wat man süht, wa de Im in summt. Du sammelst jümmer vun alle Arten un fullst noch mal darbi uten Bom. Dat Maas, wat wi funn, weer unse Krutwark, wi kratzen dat lüttste vunne Mur af, dat lett jüs as en Duss, de man fröher vær anne Stęweln drog, wi sän ok Dussenmaas darto, dat stell unse grön Bargen vær. Ik kunn mennimal ni slapen vær Freid, ni ęten vær Hast, dat wi wedder rutkeemn, un wenn wi int Schummern rinropen warn, keek ik noch ünnerwęgens torügg na all de Herrlichkeit.

In en frisch Gemöt gift de Wehmot keen Smarten, un dat Lengn is vær de Seel as en Dau; æwer de Welt hin ilt de Gedanken un klammert sik

warm an allns, wat se reckt; keen Wulk ann Hęben, dar gat se mit, keen
Hus inne Feern, dar lat se sik dal, keen Ton dærch de Abendluch, he kumt
mit en Klang merrn ut dat Geheemnis, wo dat Glück sitt, wo de Freid
winkt mit beide Hann, un dat Hart kloppt blot, wil't to vull is vun den
groten Strom, de lębndi treckt æwer en sęlige Welt.

[...]

Trina harr vęl to gruweln un torechttoleggn. De lütt Mathilde broch
Verdruss un Freid mit, as jeder Minsch, de mank annere kumt. Awer war
man mal bös, um so mehr war man wedder gut, verdreetli kunn man ni
bliben, keen Stunn lang. Abends, wat værn Unruh, jüs wenn man to Bett
gan wull un Trina fast andächti ęr Tüg aflę. De Stuv weer small, se kunn
ęr vunt Bett ut recken. Dar hölp keen Stillwęn, dar hölp keen Będen. Jümmer nie Infäll, de se værbroch, æwer Peter, æwer ol Ted, æwer Friedrich,
æwer irgend een, de se sehn harr, æwer allns, wat ęr værkeem. Un weer
dat Rætern to Enn un keen Sprak mehr dar, so keem dat Gluddern un
Gnittern, bet keen Minsch mehr stillbliben kunn, un leeg he oppen Dod,
he muss mitlachen. Un wenn denn endli Trina würkli verdreetli war: op
eenmal weer se an ęr Lager, füll ęr umn Hals, tüschel ęr, as en Moder ęr
Kind, flech ęr lank Haar ut, bewunner dat, fichel ęr, un wenn se ęr dat
hübsch wedder inflech, seet se as en Unschuld un vertell vun de Prinzessin, de sik so geern vun en ol Amm harr oppen Kopp kraueln laten, vun
Rapunzelken mit ęr lank Haar, wo en Prinz an harr na'n Torn heropstigen
kunnt: „Rapunzelken, lat din lank Haar hendal" un bi ęr husch se ünner
de Dęk, un Arm in Arm slepen se in, bet de Morgen heiter se opweck.

De Lustigkeit stickt doch an. Dat weer ok nich Mathilde alleen, de se
broch. Deelwis' keem dat vun Peter Stamp sin Brutstand, de all junk Volk
inne Neeg en bęten int Wogen broch, besunners de jungn Mädens, de
grote Bu int Dörp keem darto mit menni Jurrt un Umswiern darbi. Dat
gift awer doch ok so Tiden int Lęben, wo Lust un Vergnögen dat Enn
vun allns is, wo een dat anner aflöst as de Wacht oppen Posten, wo sik
dat en Tidlang so fügt, as weer dat Lęben vær nix anners dar. Jüs weer't
ok noch en Summer un Harst, de gar keen Enn nęhm wull. Man seet

noch jümmer vær Dær, as de Dag' al körter un de Abends schummriger warn, man spęl un jagder noch jümmer oppen Grashof. Dar seten, ünnert Dörnschfinster, de beiden Fründinn' towiln den ganzen Namdag to neihn un sticken, de Föt int Gras, de Köh um se rum, ganz Ditmarschen in Sünnschin vær se. Dar smök Jan Niklas sin Pip to ut Finster rut un harr sin Vermak deran. Enige Pahln stunn hier sitwarts ton Tügdrögen, dar weer de Hauptspęlplatz vær Daben un Gripen. Wenn Peter Stamp keem, Hans Grimm abends, so kreeg Mathilde glik dat Veereck æwern Schüttkaben in Gang, un Jan Niklas oder ol Ted mussen uthölpen, wenn de föfde Mann fęhl. Jan Niklas war heel junk mit, he leep lächerli mit sin lütt Gesicht herum un wunn' sik as en Worm, um sik ni krigen to taten, ol Ted pust banni, heel awer ok mit ut. Awer süh dar, gewöhnli keem Friedrich to Pęr vun Riswohld heræwer un lös em af. Jagdern un Lachen dur denn lang, ehr se möd warn, tomal wenn ok de starke Bumeister darto keem. Nös seet un leeg man herum, bet allns to Hus muss.

De flinkste weer Friedrich, smidig as en Snak. Lopen kunn keen as he, springn kunn he as en Fal. He sett æwer en bogen Tun as nix, he kunn sik bögen as en Hasselnwid, ünner en Hamerstæl dærkrupen, sik achteræwerbögen as en Kramp un all wat junge Lüd so an Spill un Knęp værhebbt. Dat stunn em nett darto, much he lopen, dat em dat Haar flog, oder een vun de jungn Mädens gripen, wenn he as en Hæv op se losschot un se as en Pöppen zierli opgreep.

Doch ok Wulpert kunn mit to Gang kam, de weer nich so smętsch, awer de Baas in all, wat Kraft verlang. Int Boßeln, Haken un sowat neem dat nüms mit em op, un dat seeg lächerli ut, wenn he Friedrich wul mal æwermödi en krumm Finger hinheel un em glikgülti an sik trock oder wenn se int Gras seten, mit en Stock anfat un he em inne Höch hal, as leet he em danzen.

Dat Kommando hör em ok hier, Ordnung muss der węn, awer dat gung ahn Gewalt un denn jüs am besten, ok de Oln mussen oft mit derbi un de Reeg vull maken. De Arbeiders keken wul dært Stacket to, as weer't op en Theater, so nüdli gung't mitto hęr.

So sä Mathilde mitünner en Gedicht op, wovun se vęle utwenni wuss. Wenn't pass, mussen denn de annern hölpen. Bi des Sängers Fluch muss

TRINA

Friedrich den olen Sänger værstelln mit en witten Dok æwern Kopp, Peter Stamp den König mit en Bohnstaken inne Hand. Dat gev en Freid vær alle Tokikers. De Blöde feil nich vær de Port, he kreeg sik ok en Staken un sä op: Du sollst nicht töten! Du sollst nicht töten! Mit em værut trock de Tropp int Dörp herin, man hör noch lang dat Getös', as man sik inn Grashof wedder dalsett un noch anner Gedichten opsöch, de ok so nett passli weern. Dar fünn sik awer keen, obglik Mathilde un Trina noch en Bok haln un nasegen.

Wulpert leet se darbi wirtschaften. Mit em snacken de Oln al witlöfti vunt Theater. He harr dat in Hamborg, Berlin un annerwärts sehn. Sin Geschäft broch dat mit sik, dat he besunners de Gebüden beschrev, de grote Rum, de Gallerien un Hangelkamer, wat son Gebüd an Geld kost, wavęl Minschen der Platz harrn, all de Pracht un Herrlichkeit.

Peter Stamp weer ok wit inne Fremdn umher węn. He harr mehr dat lustige Tüs beholn un vertell darvun. He harr mal in Hamborg in en lütt Spęlbod inkęken, wo en Ap un en Hund mitspęlt harrn. Nu mak he dat vær, wa de een in en Bom klattert weer un wa vernünfti de anner hinopbellt harr.

Friedrich kenn de Fremdn nich. He wünsch sik dat Glück, mal de Felsen to sehn, de een æwern Kopp hangt mit de Hüs' daranpękt, mit de Winstöck rundherum, mal op de Bargen to stan, de halwe Welt to Föten, mit de eensam Lüd, de egen Art Minschen vun ganz anner Sprak un Gebęr.

Dat weer egen nog, wa verscheden de dree jungn Lüd sik darbi wisen.

Wulpert harr nix mit dar buten in Sinn. He keem jümmer wedder op de Lüd, de passen nich vær uns, „Ost un West, to Hus is't best." Wi weern in en fri Land, meen he, de wenigsten wussen, wat dat to bedüden harr. Uns seet de Friheit inne Knaken, wi kunn al nich anners, wi weern all liker Herr un liker hoch un kenn nix baben uns as de Hęben un uns Herrgott. Dar buten keem' de Lüd vær Höflichkeit gar ni anenanner, deshalb harrn se ok keen Tru un noch weniger Globen to een. Dat weer en lütt quesi Volk, jümmer lebenni un jümmer möd.

Dat meen ok Jan Niklas un füll em bi, em düch, he kunn dat annerwärts ok ni utholn, gut muchen de Lüd węn, dar wull he nix gegen seggn, awer de Slach weer anners un pass nich vær uns. Dat harr he man markt an de Lüd, de wi hier hatt harrn.

Awer Friedrich meen, dat muss doch wunnerbar węn mit all dat Schöne, wat't dar buten gev, besunners mit de Gegenden.

Do sä Jan Niklas, vær em weer dat schönste de Hęben un de Sünn un en grön Lappen derünner, tomal wenn man de See blenkern sehn kunn as nu hüt abend, un he much węten, wo man so wat optowisen harr. Un Tru un Globen weer ok ni to verachten. He harr man hört, dat man in Berlin de Husdærn bi helligen Dagen toslaten heel, vun Kist un Kasten ni mal to spręken, man muss buten stan un klingeln in Snee un Wedder, bet een vun binn opmakt war. Dat weer je as in en Tochthus.

Nu heel de Bumeister Friedrich an, dat de vun de Halligen vertelln muss, wa man dar en Slött nich mal kenn, ok bi Nacht allns apen leet, keen Minsch füll mal in, dat een wat wegnęhm kunn. Friedrich læv dat ok un wuss daræwer to spręken, awer lankwili fünn he't dar doch.

Ja, dat kunn węn, sä Wulpert, awer he harr in Berlin toletzt lövt, all Lüd weern Schelm oder Wassfiguren, wat Minschlichs harr he kum mehr węten un en gręsi Heimweh kręgen na sin Ditmarschen, wo de Köh un de Böm een mehr sän as dar de Minschen.

Daræwer keem man op dat Heimweh to snacken, wat de Marschlüd as en Krankheit æwerfallt. Ol Ted wuss vun en jungn Minschen, de twee Mal dotkrank to Hus kam weer. Dat weer en Gęngelputt, vertell he, en rechten Tierquäler, de nix bęters kenn' as Duben slachten un Aanten köppen, wat he oppe ganze Nawerschop as bestellt Arbeid besorgen dę, he wull ok Slachter warrn, un sin Oln schicken em na Itzehoe inne Lehr. Dar ward he bald leeg un krank, un de Dokters seggt, he muss na Hus, anners storv he. Nu keem he un seet heemli bi sin Ol, en Schoster, un trock de Draht, plitsch un lehri weer he, dat fog em all, awer vær Scham keem he blot inne Ulenflucht abends herut. He war Gesell un muss wannern, gung ok munter los, ik seeg em noch weggan, as he lusti sin Pip smök. Ut Thüringen kumt do na en half Jahr en Breef vun de Harbargsvader an den Schostermeister so un so, un de Ol much kam un de Jung haln, he leeg opt Letzte. De Ol reis' richti los un hal em. Kum is he mit den swack elenni Kræpel æwer de Grenz, so atent he op un ward bald gesund un snickenfett. Bet he sik na de Geest rop verheirat. Do hett he awer bi Fru un Kind doch keen Rau hatt un jeden Morgen mit Daggraun op en Ledder na de Först stęgen, um enmal de Marsch un de See to sehn. – So vertell ol Ted, un man hör em recht wul anne Stimm an, dat em dat ok so harr gan kunnt.

Un darto de Sprak! sä Wulpert. Wi leten uns je ümmer wismaken, dat unse platt un grof weer, nę, kort un bünni weer se. He harr sovęl Feins hört, awer wenn se noch so vęl sän, dat bedü je nix, he harr toletz nix mehr lövt un allns vær Höflichkeit nahm, as't ok weer. He harr mal na en lange Tid in en Weertshus dær de Wand na sin Stuv en ol plattdütsch Nachtwächterleed hört, do harr he binah de Dær inlopen, so harr em dat umt Hart trocken, un he weer den Minschen umn Hals fulln.

Do weer't wul en Handlungsdener mit Haarpomad, lach Peter Stamp.

Ja leider, lach Wulpert half in Scham, he handel mit Seep.

Awer Friedrich meen mit Begeisterung, wi mussen doch dat grote dütsche Vaderland ni verachten.

Dat wulln wi ok nich, sä Wulpert, awer wi wulln uns ok achten un nich alls annęhm, wat de annern uns prisen, lat de sik ok en bęten na uns richten. Wi löben all, wat de snacken, un warn dumm un blind vær uns sülbn, dat gung uns je as de Kinner, de jümmer nan buten lengn. De Lüd kenn' uns je garni mal un klæn' uns vær, wat wi nagrad al vullstänni vær de Wahrheit neemn: wi weern as Klümp un Klutzen gegen se, wil wi nich so vęl rætern. Nę, de kunn je en Geföhl nich so lang bi sik dręgen, bet dat rip war, dat muss all glik rutschüttelt warrn, de schulln man eerst mal to uns kam un lehrn, wat en Mann is, un uns nich jümmer ęr Bargen wisen.

Wulpert war ganz hitt darbi.

So weern se doch ni all, meen Friedrich, un Wulpert sä, dat kunn geern węn, de dat drop, much sik dat totrecken, awer wi wulln fastholn, wat wi harrn, un uns dat ni mit glatte Wör afsnacken laten, de rechte Stolt weer en Mannsdægd, un dar feil uns dat noch jümmer an.

As he so in Iwer rę, dat de Ogen em grot warn, un mit sin breden Schullern dar stunn gegen den Abendhimmel, do seeg he sülbn ut as een, op den man wul en rechte Last dalleggn kunn, wenn se een drück, un he war sęker bliben.

TRINA

Trina seeg em an mit son Geföhl, se seeg op Mathilde, de bi ęr int Gras huck un den runn' Kopp an ęr læhnt harr. Dat smucke Gesicht schin ęr lerri, so blank dat weer, un se dach, wenn se Witen ęr Ogen darbi anseeg, de weer dargegen een vun de Seeln, de allns gęben künnt, wat se hebbt; wenn Peter Stamp dat man erkenn un schätzen much!
Dennoch leng ęr jung Hart inne Feern, in en unbekannte Welt, de ęr och! so schön værkeem.

[...]

Möldorp is en nüdli old Nest, lat man gut węn, so lütt dat is, fröher weer't de Hauptstadt vun Ditmarschen. Se liggt op den Klęv, dicht an Marsch un Moor, de ehrwürdige grote Kark is fast vun een Enn int Land bet nan annern to sehn, oft gris un grau inn Ņewel, mitto hoch æwer de Blenk, wenn de Luft spegelt, as Niebuhr dat vun Arabien vertellt. In de langn Dag' um de Hauaarn kumt de Sünn so wit herum, dat man abends vunne Heid ut süht, wat de Klock an den Torn wis't; dat is selten so hell. Denn awer streckt sik de ol Torn hoch in den Glanz inne Höch, Möldorp ward grot, man kann wul an de Tiden denken, as dat noch op en Land hendalseeg, wo oppe wide Heid Recht spraken un Rat holn war. Nu is dat anners. Awer noch süht man vun den Möldorper Karkhof mit Stolt æwer dat Land. Hier trock de grote Garde lank bi de Mæl hendal, dar to Linken vun Wörden sleek sik Wulf Isebrand rop mit tweehunnert Mann, langs den smallen Weg int Moor störrt Pęr un Minsch torügg vær de Bur, de kumt, un de Plot, de se int Land leten, denn half weern se as Fisch, as al en olen Römer vertell, un schun dat Water nich.
Disse Stolt feilt keen Ditmarscher, un wi wüllt uns Trina dat ni verdenken, wenn se mit Jan Męth un sin Fru sünndags ute Kark keem, dat ęr ok de Ogen blank warn, wenn se en Tidlang stillstunn un na Janohm sin Wisen un Beschriben sik umseeg. Denn welke Schosterjung fahrt wul ann Fridag mit sin Meister na Möldorp to Markt un füstelt ni sin Hann wenigstens inne Tasch, denn se freert em, wenn he bi Dusendüwelswarf verbikumt? Wa menni Vader is hier wul al lankfahrt, de sin Sæn mit de Pitsch betekent hett, wonębn de Bökelnborg leeg, de uns Værfahrn dal-

smeten, oder wa de Hamm dær den Wold gung, de enzige Togang dær den Kranz vun Eken vun de Elf bet anne Eider, wo en Katteker op vun Brunsbüttel bet na Tilen springn kunn, ahn anne Eer to kam, de Platz, wo menni dütsche Landsknecht un menni holsteensch Eddelmann unbegraben leeg. Wat en grot Vaderland is, dat weet wi nich so recht, se hebbt uns en Tid lang ębenso vęl vun de dänschen Königs vertellt as nös vun de dütschen Kaiser, awer wat en lütt Vaderland is, wovun jeder Fotbreet een wat to vertelln hett, wat een bet anne Rippen geit, dat weet bi uns ok Fruns un Mädens. Lat uns dat man eerst fastholn, ehr wi wat Bęters hebbt.

Trina gung bald mit Vergnögen ęr Weg' dær den Ort un so sęker as in Odderade. Se gung sogar weniger achterum, as de Möldorpers dat geern dot, de oft en lang Weg dær Hav un Grav makt, um achter ut ęr Hus to kam un in Nawers Hus achter in.

Jan Męth weer bi sin Im un bi sin Jahrn still warn, he lev half mit en Welt, de nich mehr weer un keen Larm mehr mak. Wenn sin rüstigen Sæn denn mal rumkeem, so sprok de vun Buden, Strat anleggn, Siel maken, as schull ganz Möldorp umkalfatert warrn, un dat war so genau beschręben, dat man doch mal umseeg, wenn man annern Dags værbileep. Keem Thießohm nu darto, so war't eerst lębndi, de leet nix ahn sin Senp hingan un seeg de Welt as en Lustspill an, egentli drop he awer jümmer de swarte Placken, un wo he lach, dar weer wat schadhaft. Wenn Thießohm vun de Eggenkommüns vertell – sin Hauptgeschichten – wo dar de Schosters un Sniders æwer Wegbętern beraden, so war de praktische Sæn argerli un scholl op den Kram, dat dat ganze Kommünswęen nix weer, dat der nix tostann keem as vęl Snack un vęl Toback.

Dat is ok jüs de Zwick, seggt de Schostesr, lach Thießohm, snackt mutt der warrn, son Snider is nęti, de mutt de Lęwer mal mit kratzen, wenn em de Lus deræwer lopen is, un en Schoster gar is iwri, wenn de ni mitünner mal störrtlos rędt un um sik spiggt, as harr he Für fręten, so verbrenn he innerli. Darvær sünd de Versammlungen, de köhlt. Dat weet ok de Fruns. Wenn de Kommün anseggt ward, so makt se en Teken mit Krid ann Heerdbalken, dat se jo nich vergęt den Mann sin Rock ut Schapp to krigen. Dat's noch gesünner as en Fischtog na Fiel. Un sunst gizt de je mit en Minut. De weet genau, wavęl Stich de Mann vunt Melden bet to'n Slagg maken kann, un hangt em en Platen vært Finster, wenn mal en Dag twee Doden langs de Strat dragen ward un tovęl Stich dær de Schiben gat. Süh man son Schoster inne Schummern uten Gank kiken, süht he ni iwri herum? Gau noch na de Sid, gau noch de Strat herop, gau noch mal hendal, de Kneden bęwert al gegent Schotfell ton Weglopen, dat Hart huppert – he neit ut, mag't noch so schön węn, un rapps, rapps treckt he den Draht, as wull he em afriten.

Mit en wahre Hæg hör Trina den lustigen oln Mann to, un se kunn ni laten in Schummern sik mal na en Schoster umtosehn oder na sunst wat, wat he drulli un leefli makt harr.

Disse Art Lüd sünd in Ditmarschen nich selten, Lüd, de nix hingan lat, Lüd, de æwer allns mäkelt oder wrækelt oder lacht, de du nich still værbi kannst, wenn du en Phantasiemütz ophest oder din Jung en Bajazrock an, sundern de di fragt, wat værn Stück hüt abend spęlt warrn schall? Dull warrn hölpt nix, du must di węhrn. Dat stammt gewiss sik hęr ut en Tid, wo en fri Wort æwerall un æwer allns gung. Dit is noch de Rest dervun.

Thießohm harr dat mit Lachen un harr wul al ehr en olen Sot, de sik as en Galgen spökeli utneem vunne Strat, oder en slechten Fotstig lik un ęben oder en slechten Kęrl ut Landschopshus rutlacht. Dat is unbequem, awer gesund.

Jan Męth weer dat mennimal heel unbequem, wenn he ut sin fründlige Ruh opstört war. He keem denn awer doch ok in Bewęgung, un faken, wenn de ol Stankversit gan weer, vertell Jehannohm noch wunnerbar vun de oln schön Tiden, de he kennt un belęvt harr. Buten brok de Unfręden ut, de Zeitungen vertelln den Gruel ut anner Länner, wi seten hier tofręden, as kunn dat to uns nich hęrrecken. He harr noch de Tiden sehn, as Karsten Niebuhr in Möldorp Landschriwer un Boie Landvagt weer. De Stelln, wo se wahnt, harr he Trina wist. Boie weer een vun unse oln Nams vun de Achtunveertig Herrn hęr. He harr, as he Landvagt war, en schön Garn mit en künstligen Barg anleggt un de eersten Kaktus mitbrocht. Ok sin Fru broch he mit ute Fremdn un weer sülbn lang ut op studeern węn. He weer en Dichter un Jan Męth harr oft de Lüd bi em sehn,

TRINA

wovun man nu blot list, wovun Trina ok bi Düveken ęr Broder hör: Jan Heinri Voß un de Wandsbęker Bad. Denn weer't inne Landvægdi hoch hęrgan, wul mennimal en Lępel Botter ünnert Brotspitt int Für smęten warn, damit de Braden krosser war. Dar harr man se inn Garn spazeern sehn, Voß as en Schürpahl stif un mit nakelten Kopp, ol Karsten Niebuhr stramm as en Kęrl. „As en isern Abend weer he, wis' Jehann Męth, son Gerüst, mit twee Föt darünner, darbi den kloken Jung anne Hand, so fin un mit son helle Hut un Ogen, as kunn man der dær un dær sehn. Un fründli weer de Mann, plattdütsch as en Bur, he weer ok en Burnsæn ut de Hadler Marsch. Hett he mi doch ehr sin Antog wist, den he vun sin Reisen mit ut Arabien brocht harr." So vertell Jehann Męth, solang man em tohörn much, gedülli, as snack he mit sin Im.

Awer wat junk is, lęvt doch vun dat, wat mitlęvt. Trina kenn bald Lütt un Grot, wenigstens vun Angesicht, de Węg' un Stęg', de lütten Gäng achterum, de lütten Hüs' achterto, den Möldorpschen Geruch, den Möldorpschen Snitt, dat se seggn kunn, ob he derto hör oder nich, wenn en Unbekannten værbi passeer. Vęle nücken ęr to, wenn se ęr segen, enige Kinner lurn op ęr, um ęr de Hand to gęben, wenn se to Neihschol gung. Se kenn vęle Hüs' na ęrn Utdruck un wuss, ob dat gut oder slecht darin stunn na de Gardin un Ralosen oder sunst son Teken. Se much der geern węn.

Besunners geern much se umt Lichtanstęken mit Düveken en bęten rumlopen. Man hangt bi uns ni jümmer glik de Finstern to. Ik kenn en Mann, de scholl, wenn sin Fru in Winter vær de Warm de Ralosen dicht daltrocken harr: man kunn je den Himmel nich sehn. Ik kenn en Fru, de der sä, se leet jümmer de Finstern en bęten apen, dat Lüd rinsehn kunn, denn se harr dat sülbn geern mucht, as se junk węn weer. Un Trina weer junk, un Düveken vellicht noch mehr. De witschen tosam heemli ünner de Mur, segen hier en junk Paar to, wat mit ęr Kind regeer, necken sik, in Düstern drister, bet se vær Gluddern weglopen mussen. Se belurn dar en ol gizi Mann un Fru bi't Abendęten, se wussen, wo en smucken jungn Minschen wahn, un harrn em geern dært Finster sehn, wenn se nich schu węn werrn.

Jede Seel hett ęr lütten Geheemnisse, dat is egen, wat dar værn Lust in stickt, un bi de Lust sitt jümmer de Gefahr. Mutter Męth leet ęr lütt Trina

TRINA

betęmen, mark awer doch op un sä af un to en Wort, sachmödi, as se weer. Se lepen wul glik na de Scholtid en Umweg oder vun Düveken to Hus en lütten Afstęker gau mal ant Mark. Düveken harr dar en Hus, wo se geern an heropseeg. Wat dar to sehn weer, sä se nich, Trina dach frili ęr Deel, denn dar leeg wat in ęrn Ton, in ęr Ficheln, wat ok en Unerfahrn as Trina rutföhl. Düveken weer awer ganz anners as Mathilde, se vertell un frag nix, se lęv, as anner Lüd drömt, Nieschir kenn se gar nich. Se kunn de Hęben ansehn as mit dune Ogen. Se kunn Trina umfaten, as wull se ęr opęten.

Trina kreeg eerst na un na to węten, dat se ut Freesland stamm, dahęr ok ęrn Nam Düveken. Ęr Væröllern harrn bi Husum in de Westermarsch en groten Besitz hatt. En unheemli Schicksal harr op de Familje last, as muss allns missraden, versorn un verkümmern, wat se anfaten. Düveken sprok sunnerbar darvun, as söch dat Unglück se as en Fiend op oder as harr de lewe Gott se vergęten. Ęr Vader harr deshalb gan laten, wat gung. Se sprok, as gung allns to Grunn, as gung allens to Enn. Dat klung as en Klaggesang, wenn se op dat Kapitel keem, un se sprok den vu den ganze freessche Stamm as vun en schön Bom, de welk ward un hinstarvt. Trina kunn sik mit ęr in Wehmot rinsnacken laten, bet de gewöhnlige Sluss keem, man muss sik darum ni grämn, dat weer nu eenmal so, heute rot, morgen tot. Oftmals fichel se denn Trina mi einige freessche Wör, de ęr nüdli klungn, „lettj Fomm" beheel Trina darvun, wat lütt Frau oder lütt Diern heet, un se nöm ęr darvær wedder ęr Duv, ęr Krüzmöv, ęr Dodenpap, un mit son Kluckeri kunn se sik dær Ween un Lachen locken un ganze Tiden verbringn.

[...]

MIN JUNGSPARADIES

[...]

Ik weer richti bi Hansohm ton Besök. Ik keem dar öfter, des Jahrs wenigstens een oder en par Mal. Doch nich so oft, dat mi dat glikgülti, un nie so lang, dat mi't towedder war. Tellingstęd blev min Paradies. Hin gung't jümmer mit Freuden un weg selten ohne Weenn. Tellingstęd weer wit nog, dat man nich jüs mit sin Botterbrot inne Hand sik hinęten kunn, doch weert ok nich so wit, dat nich en Jung mit sin egen Been un Handstock, as de Tellingstęder sän, dar hin harrn much, wenn't ok en Reis weer vun enige Stunn. Man muss allerdings dær twee verscheden Dörper ünnerwęgens, dær twee Hölter, Binnwold un Nordwold, æwer en grote eensame Heidstreck, æwer en Bęk, de de Barsbęk heet, wo frili meistens keen Water in weer, awer he leep jüs op de Hälfte Węgs deep inne Eensamkeit, oppe anner Sit düch een war't allens tellingstędsch. Un wenn man achter Gaushorn ut't Holt tręg, so leeg de Brune Barg vær een, so herrli brun inne Heiloh, he leeg in den grön Som as en Bild in en Rahm, as en Karrn int Sluv, oder wat man sik sunst darbi dach, denn denken muss man wat darbi, wenn man den Fotstig nagung, de sik ropslängel, bet man vun baben æwer de ganze Gegend seeg un Tellingstęd mit sin Kark un Mælndik vær sik harr, man en half Stunn Węgs af. Ja, dar leeg dat ol Nest lank hin, an beide Enns op en Höchde. Wo de Kark stunn, weern't Pannhüs', op den annern Enn seeg man blot Dackfösten. Gewöhnli qualm dat dar an een oder anner Stell gewalti, dat weer vun de vęlen Puttjerien, wo gewöhnlig eenige vun „brenn", as de Utdruck luden dę. Jedesmal stunn man dar wedder un seeg hendal mit Entzücken.

As ik segg: so oft keem't nich, dat dat glikgülti warrn kunn. Ehr son Reis' losgung, gev dat vęl to flüstern, bet Vader sin Ja seggt harr, un de sorgsame Moder schick herum na en sękern Begleiter vær den Jung. De funn sik jümmer, weer awer verscheden na de Dag'. Sünndags weert de Schoster Harders, de eenmal inne Węk de Brev vunne Post, wenn dar wülk weern, na Tellingstęd drog, un de Sekreten, as he sä, vun de Land-

MIN JUNGSPARADIES

vægdi na de Kaspelvægdi. He dę dat mehr sik dat Fett aftolopen, wat he sik inne Węk bi de Schosteeri ansęten harr, as vær de paar Schillings, de dat darvær lohn. Mit em gung dat ganz fröh morgens mit Daggraun los, un he sä den ganzen Weg fast keen Wort. Ik heff em noch as vær Ogen, wi gungn jümmer na't Osten gegen de Sünn an, mi weer't, as bra se em dat schire Fett ut sin appelrote Gesich, dat leep in striken Strom as Sweet hindal, un he wisch dat jümmerfort mit son Vergnögen af, so schin mi, as streek he so sin Hauptverdeenst in.

Inne Węk weer't de Stutenbäcker Krebs, de Franz- un Wittbrot to Lann broch, wat de Burn damals selten sülbn backen. He weer an ganzen lütten vergnögten, verdrögten Mann, an jeder Sit mit en groten Korf an en Drach, wo dat angenęhm herut na Eiermaan un Krintenstuten rük, un en lütten Pipenstummel inn Mund, worin bi jede Raustęd Für maakt warrn muss. De kleene Mann sprok jümmerlos, sovęl de groten Körf un de lütte Pip dat toleten, dat gung ahn aftoriten as en Strom inn Bęk, de hin un her æwer en Stehen mutt un jedesmal en lüttje Well opsmitt un denn widerplatschert. Wo he recht Aten hal, sä he langsam „un do", as ton Teken, dat he nich to Enn weer, dat man em nich ünnerbręken schull un dat't glik widergan war. He vertell æwrigens nix anners as sin egen Lebensgeschichte, mi un vellicht jedereen, de mal mit em wanner, wo he vęl twischenin bi to lachen harr, un mi keem se ok heel vergnögt vær.

He harr dit Geschäft fröher al Jahren dręben un weer vergnögt darbi west, do mutt em mal en Döwel verleiden, dat he inne Lotteri sett, un dat Unglück mutt darinslan – ik kunn't begripen, denn lütt Krebs sä dat mit Æwertügung, un gewiss twee- oder dreemal – muss also dat Unglück darinslan, dat he en Quatern winnt. Darbi gift't oder gev't denn noch veer Ternen, acht Amben, tweeundörtig Uttæg un so wat, un mit een Wort en groten Barg Geld, lütt Krebs wuss't bet op de Schillings wovęl, dat gung bet in de vęlen „Dosend". Also de harr he wunn un ok richtig utbetalt kręgen. Nu weer he, Krebs, weer keen dumm Kęrl west as de Mürtoplęger Voss oppen Alversdörper Kamp, de ok en Quatern wunn harr, un weer na Altona reist un harr sik't utbetalen laten un værher to sin Jungs seggt – he harr acht Jungs – nu sünd wi rike Lüd, harr he seggt, wat schall ik jüm mitbringen? un de Jungs harrn lang beraden un endli

MIN JUNGSPARADIES

seggt: en Tünn Sirop, un de harr he se würkli mitbrocht, un dar harrn sik veer vun de Jungs an dot lickt – dat Geld harr de Mann wahrt un weer noch Bur in Alversdörp. Awer nę, he, Krebs, weer klöker west, Kinner harr he ok nich hatt, he harr dacht: nu töv! un harr sik en Hus anne Oesterstrat inne Heid kofft un dar en Backaben in opsett un sülbn backt, stats anner Bäckers ęr Brot to Lann to dręgen. Toeerst harr't ok gan, awer bald harr't em nix brocht as Verdruss un Arger. He harr nachts op musst un dags slapen, harr bald ni Sünn noch grön Busch mehr sehn – süh, sä he dartwischen un seeg sik um, wa se warm is vanmorgens! un do – – Na, sin lütt Frau harr Kaffeegesellschaft gęben, wenn he slapen harr, un de Zuckerkringeln darto, de he backt harr, un genog, dat harr ni bestan kunnt. He harr't blot so lang utholn, bet dat Geld rein all west weer, do harr he den Kram an Bäcker Blanck verkofft, de dar nu noch in wahn un vær den he mit Stuten gung. Nu harr he sin ole Gesundheit wedder un sin oln vergnögten Sinn, de em nich wedder afhann kam schull, so lang he wackeln kunn.

Dar schin Grund in, dat kunn ik verstan. Mi düch ok, en vergnögter Lęben war ni mægli sin, as so inne Morgensünn op Tellingstęd to mit frische Stuten to lopen. Ik harr mi darto hergęben kunnt. Un wenn he mi bi Gaushorn adüs sä un ik nu allen den Fotstig na den Brun Barg ropwanner, so seeg ik em noch enmal na, ehr ik na Tellingstęd dalbög: wa he vergnögt int Dörp rinsmök un in een vun de eersten Hüser verswunn.

– So gung unse verscheden Weg' int Paradies.

[...]

Tellingstęd is nich verscholln, dat liggt noch lankhin vunn Brun to sehn mit sin Kark un spitzen Tor nun de blanke Mælndik darvær. De Weg darhin – ja, wo ist min sękern Begleiter, Schoster Harders mit Sekreten oder Bäcker Krebs mir de beiden Stutenkörf? Alleen wag ik mi nich, ik kunn't verfehln:

Min Paradies so söt –
Mi feilt de Ogen un de Föt.

UM DE HEID

[...]

Dar leeg he! Ja, wo leeg he? Eerst wuss he dat gar ni. Dat weer en licht lufti Sommergebüd. Wer't nich anners kenn, as Finstern rut, wo en Strat oder Gang is, Stuben, wo en Platz darto – vær den kunn't węn as en Telt, wat man apen deit, wo de Sünn hęrkumt. Gegen Süden æpen sik de groten Flügeldærn bet op den Grund, de Grund, de man seeg, weer luter grön Grad bet an den Drüssel, de Akazienbom reck bet ant Finster mit sin Twigen, int Gebüsch dicht to Sit zwitscher en Vagel, as harr he sin Nest keen dree Schritt af, Blöm rüken in de apen Dær, un de ganze Gegend seeg man in den groten Spegel æwer't Sofa. Man mutt węten, wat Ruh vær en Minschenseel is, de jümmer denkt, wöhlt, arbeit, sorgt, sik afängst, um to węten, wa dissen jungn Minschen to Mot is, de hier nu hęrleggt ward, un em ward prędigt: Ruh, Ruh! as sin eenzi Plicht, en Plicht, de der schöner dær em dærtreckt as irgend en Stärkung, de man harr recken kunnt oder reck, de he smeck oder rük, ja as vellicht en Musik, de he hör, oder en Drom, de vær em hęr oder æwer em hin spęl. Ruh? Hör he denn wat? As de Iritsch in Busch, de em dat dütli mak, dat dit hier still sin heet. Hör he nich ropen inne Feern? Dat weer jüs wit nog af, dat he sik sęker föhl: negger war dat nich kam. Slog de Klock oppen Torn? Wa flüggt de Ton dær de Luft, as schull he noch wit! Un anne Dęk spęln einige Fleegen, un as en Schatten husch en Fleerlink an de apen Dærn væerbi. He mak ni mehr Larm as de Levkojen, de ęrn Geruch herinschickt – och, wa schön still! He weer ęben eerst to Besinnung kam, un Ruh harr ęben de ol Garner Heuk em prędigt. Do husch dor wat an de groten Schiben væerbi, husch herin in de groten Flügeldærn; dat weer, as wenn de Blomgeruch lębndig oder wat Ähnlichs rük dermank. Denn weih wat lisen æwer sin Gesicht un blev æwer em bestan, un twee grote swarte Ogen seegen op em mit en stillen Fręden, he harr s i n am leefsten tomakt un gar nix hört, denn he wuss, wat he seggn war; disse roden Lippen weern so frisch, se warn nix anners seggn, was wat se ok sän: „Gottlof, he kumt wedder to sik!" Fründli klung dat, och ja! Awer he harr en Klang inne Seel, de so to de depen Ogen pass, as klung de Klang noch vun den Torn, as klung dat wit inne wide Feern, as drop dat wat binn in sin inwendig Hart, wat denn mitklung – och, de Ton weer dat nich! – Un he wenn' sik um un mak de Ogen to un mak se apen un ween, as sin ol Moder mit Jan Willem herinkeem. De wenigstens gung dat bet an't Hart, un wenn se ok nich mehr den Aten harr, so recht wat to seggn, so mak em al ęr ol ängstli Gesicht week, dat he wenigstens den Druck los war un sik utween kunn. Denn keem en Mann mit en lütt rund Gesicht un en golln Uhr, de he herutkreeg, as he Thieß an den Puls föhl. Dat weer de Dokter. De beföhl em ok Rippen, Rüggen und alle Glieder un frog bi jeden Druck, on em dat weh dę, worop he jümmer antwor': gar nich! Endli seeg de Dokter ok Thieß sin Hann, de vun de Fahrt ganz verschunn, as verbrennt un mit Blot ünnerlopen weern, deelwies ahn Hut. „De mussen em doch fürchterlich wehdon", meen de gutmödige lüttje Mann. „En bęten", sä Thieß un war dat nu eerst sülbn wahr, he harr meent, blot dat Hart dę em so weh, un jüs dat harr he ni seggn mucht.

Darop tręder en raschen sękern Schritt inne Flügeldærn un op dat Sofa to. Man hör un seeg, de weer hier to Hus un nich tum eersten Mal dar. Dat weer an mager, slanken Mann mit en scharp Gesicht un graue kruse Haar. He weer glatt barbeert, un de Mund un de Näs' harrn noch mehr Ähnlichkeit mit sine schöne Dochder as de Ogen. He much wul al vun de Unglücksstell kamn sin un much dat dar bęter funn hebbn, as he fürchten muss, denn he tręok hier ant Lager, as war he blot gude Naricht krigen, un as he de Ogen æwer Thies harr rasch hinscheten laten, frog he: „Wat steit hier, Dokter?"

„Nix Wichtigs lädeert", weer de Dokter sin Antwort, indęm he nochmal sin lüttje dicke Hand lisen op Thieß sin Bost, Kopp un Glieder lę, as kunn he dat værwisen, wat he seggn dę: „en bęten Erschütterung, eenige Dag' Ruh, will sik wull gęben! En bęten Is vær de Hann, wenn wat to krigen weer. He ward en Tidlang nich schriben künn. Kann en bęten Kamellentee drinken." Darbi strakel he Thieß noch mal æwer de Back, as harr he blot to em spraken, un wenn' sik to'n Gan, seeg sik awer doch noch mal wedder na em um un lingelank em lank, as man na en Bild oder Statü süht.

Dat weer allerdings en Art Bild. Schön weer de Kopp jüs nich, awer dodenblass, un Værkopp un Dünsen mit de groten helln Ogen harrn wat an sik, wat man ni all Dag' süht. So much wul en jung Prester utsehn künn oder sunst wat Hilligs, de Aten bewęg man lisen de Bost un de smalln Schullern.

UM DE HEID

„Mak di keen Sorg", sä Reinhold Nissen mit sin rasche Stimm un Wort, „hol di man eenige Dag' ruhig, se künnt di hier en Bett maken. Ik warr wul fertig. Dat Unglück harr arger sin kunnt, keen Minsch is derbi toschann kam, un dat Holt lett sik niet maken. Wenn du wedder inne Been büst, seeg mal na, ik mutt hüt abend op en ganz Węk na Kiel. Awer dat ilt nich, lat di Tid un günn di Ruh, Reinhilde kann mal nahsehn." Un darmit weer he ute Dær verswunn, as he kam weer.

Also nu kunn he liggn un sik sülbn betrachten un de Saken um em rum: en paar Biller anne Wand, en Uhr dartwischen. In Winter war de na't Wahnhus ant Markt brocht, un he wuss ok dar, wo se denn hung. De Stöhl bleben hier; dat weern all lichte Rohrstöhl blot vær den Summer as dat Æwrige. Wa licht un luftig un duftig!

Wa pass dat all tosam! De Gardin as Spinnwibb! De Wulken trocken derachter ni lichter. – Un de Minschen all so guṭ gegen em! Keen hart Wort, keen Schelln un keen Klagen. Jümmer maneerlich un fein. Un doch dach he an sin Moder, de still un demödig glik wedder wegkræpelt weer, as se em an Lęben un ahn Gefahr meen, dach an er lütt rökerige Stuv, mit Sand oppen Fotborrn un en brun Wasserdok æwern Disch, wo de Kaffekętel op stunn un Swartbrot op leeg, mit en paar isern Messen un en bęten Botter. He dach an Kummer un Jammer, de he dar belęvt harr, an Scheltwör un Strit, de he hört harr, an sware, smutzige Arbeit Dag an Dag. Un denn dę em dat Hart noch eenmal so weh as værhęr, he heel sin twein Hann vært Gesicht un süfz herin: „Och, nimm mi weg! lat uns wegtrecken! Kunn ik mi verkrupen mit di! Gift't nich en Platz, wo wi alleen sin künnt, dat ik allens vergęt? Se sünd alle so gut, awer ik hör der nich to, nę, i k hör der nich to, un se weet dat nich mal! Dar denkt nich een vun se daran, dat't mæglich weer!" Un de Tran lepen em æwer de Backen, un in striken Strom warm æwer de Bost dal, denn he kunn se nich mal afwischen, so weh dęn em de Hann. Awer dat weer, as wenn en Fewer sik oplöst. Stille Wehmot trock æwer em hin. He hör inne Fern en Pump, de in en langsamen Slag lisen janken dę. Dat weer em, as stunn he dar to pumpen as en starken, groten Brennerknecht, dat Hart war em gesund, de Arms mög, un ruhig kunn he sik dalleggn to slapen. Dat dę he denn.

[...]

DE HEISTERKROOG

Süderwisch

Wo't rechts hindal geit na de nie Koog,
Vun Bręklum dal, wo man de lüttje Kark
Ganz eensam liggn lett medden op de Heid,
Ni Buch noch Bom darbi, ni Hof noch Krog,
Nakt is de Mur un kal de Likensteens,
Hoch gegen Hęben reckt de Klockenstohl,
Man süht hindær un süht de Klocken hangn,
As hungn se dar en Spillwark vær den Wind:
Dar drippt man, ehr man dal kumt na de Dös',
En Stunn węgsaf, man süht de Kark noch ęben,
En groten Burhof medden as int Gras.
De Wischen liggt dervær un Wischen achter,
Un op'e Wurt de Haubarg un de Schün.

En Kluster hoge Eschen stat der rum,
Scharp æwerbögt un opputzt vunt Norwest,
As vun en Tunscheer, nich vun Wind un Wedder,
En Strohdiem winters kann ni runner laten –
So tekent sik dat gegen' Abendhimmel
As en Gewülf, un wit derachter hin,
Platt as en Teller, liggt de flacke Marsch,
Bestreut mit Hüser, hier un dar mit Böm,
Un an de Kimming, as en blanken Stręm,
Bald grau, bald sülwern blinkert dar de See.

De Porten hang in grote Grausteensulen,
De Wurt is infat mit en brede Graft,
De Hunn, de bellt – dar flüggt mit Larm un Schracheln
En Schof vun Heistern ut de Eschenböm:
Dat's Süderwisch, as't schręben steit int Eerdbok,
Mank Lüden awer seggt man Heisterkrog.

Dat weer vær Jahren, in de Russentid,
Do war de Koog hier indikt achter Bręklum.
Wo um de Hæv nu fette Ossen grast,
De Klewer wöhlt un Værjahrstiden Rappsaat,

DE HEISTERKROOG

Wo summers Weten steit, so dicht as Dutteln
In'n Mælendik un as dat Reet so hoch,
– Dat mutt keen Snider węn, de nich de Ahren,
Dick as de Kattküln æwern Kopp tosam nimmt –:
Weer dotomalen Wattenland un Prilen.
Dat gev in Summer Weid vær wülke Schap,
De in'e Flot mitünner mit den Schęper
Tohopen kraueln op den höchsten Ręm,
Wit af vun Minschen, rund herum dat Water –
De Hundsknüll heet de Ręm noch op'e Kart,
Doch steit dar nu een Burhof bi de anner.
In'n Winter, wenn de Küll de Schap verdręben,
Wenn't Water pallsch bet æwern Butendik,
Wenn dar in Schum un Slick de Ręgenwülpen
Stint fischen, wo des Summers Lurken sungn:
Denn duken, statt de Schap, de glatten Köpp
Vun Seehunn op un glupen vun den Queller
Nieschiri hęr as na de Minschenkinner,
De stunn un wissen vun den Dik hinut
Un sän: dar spęlt de Saalhunn op'n Knüll!

Vær Frunslüd gev dat winters wat to snacken.
Wenn't duster war un't Haf ant Brusen weer,
So hörn se dumpe Stimm un Ween'n un Klagen
Un Klockenklang as bi en Likentog –
Un rop na Bręklum trock dat na de Kark.
Bi Maanschin weer't as Danzen un Gelagg,
Wenn man op Nawern abends mit sin Spinnrad
Den Dik entlang muß un de Waggen seeg:
Wul schudri nog, ok wenn man't jüs ni löv.
Dat gev Geschichten vun verdrunken Minschen,
De in'e See ni starben un ni leben
Vær Sehnsucht oder wat se leeg opt Hart
Un se herut lock an de Luft der baben,
Um Hölp to söken bi en Minschenkind.
Dat gev Geschichten vun den Watermann,
De sik sin Leefste halt harr in de Deepde.
Dar harr se bi em hus't an sæben Jahr,
Un sæben Kinner harr se, smuk as Engeln,
Doch jümmer weer ęr Hart as vuller Tran

Un't Lengn na baben na ęr Spęlkamraden,
Na Minschenstimm, na Vater un na Moder,
Na Sünn un Blöm so æwermächti grot,
Dat se em bę, er mal herut to laten,
Un kost dat ok dat Lęben vun ęr Kinner,
Un weer't man, wenn de Kark in Bręklum weer,
Eenmal Herr Paster mit de Lüd to sehn,
De dær de Heiloh gungn in Sünndagsstat,
De Klocken mal to hörn hindal vun Bręklum!

Ja, menni Ole wuß noch mehr dervun,
De wuß ęr Nam, ęr Vaders Hus un Stell
Un wa dat al verdrunken un versunken.

Doch weer't ok man Vertelln ut ole Tid:
Dar leeg so menni Schipper op'n Grund,
So menni Rikdom, Kron un Thron to köpen,
So menni arme Strand- un Barnsteensöker,
Oft utgan mit en wunnerli Geföhl,
As harr en Stumm em ropen un he muß,
Un weer nich wedderkam to Fru un Kinner.

Dat Blot, dat kruppt, so seggt man, un wer weet denn,
Ob't nich ok Stimm gifft vær dat Minschenhart?

Doch wo en Knüll so ut Water dukt
As hier de Hundsknüll fröher vær de Watten,
De sik mit Gras bewurtelt, wo de Queller
den fetten Slick torügghollt in'e Ebb:
Dat süht kenn echten Fres', wenn he der wannert,
So denkt he staats an Doden un Gespenster,
An Leben, Wirken, an en grönen Koog,
An Dik un Damm, de See dat aftodwingn,
De jümmer gift un jümmer wedder nimmt,
Wenn he ni oppaßt oder sik verrękent,
De Dörper hett verslungn mit Minsch un Veh,
Mit Kark un Karkhof un mit Klock un Torn,
Un de den Borrn doch bu't hett, wo he sei't
Un aarnt un Hof un Hus hollt achtern Dik.
He slöppt, wo fröher wild de Waggen gungn

Un Schęp deræwer weg mit vulle Sęgeln.
Dat Land is sin, he hett sik dat erobert;
Un as en Fischer lurt bi Nett un Angel,
Sin Fang to maken, lurt he op den Grund
Un nimmt de See af, wat he krigen kann.

Dat weer berędt, berękent un betekent.
In'n hogen Fröhjahr keem der dusend Diker
Mit dusend Schufkarn ut de Mękelnborg
Un fungn en lusti Graben an un Keiern.
As man de Gös' süht wannern, een na een,
Fröh mit de Lurken, as de Mireems ökern,
Süht man de Reegen op den Hundenknüll
Den langen Dag bet in de late Nacht
Torügg un værwarts trecken, op un af,
Un wo se treckt, da waßt dat as en Hus
Un as en Schün un as en Tegelschur
Un as en Reperbahn, un jümmer länger
Waßt Toll bi Toll de Dik un slutt de Prilen.

In Telten geit dat lusti as opt Jahrmark.
Wo sunst de Seehunn glupen na de Wall,
Dar stat de Beertün un de Brannwinsschenken,
Dar stat de Dischen, fastrammt in'e Eer,
Dar itt un drinkt un slöpt dat Arbeitsvolk,
Un ęben achter brus't noch oft dat Haf.
Man kennt sin Nücken, man mutt dat beslicken,
In de Tid noch de Hadbar kumt un tosüht
Un in de Tümpeln Duts un Poggen fangt,
So lang de Kiwitt argerli un flüchti
Umt Minschenvolk herumschellt ut de Luft,
De hier em opstört in sin Luftrevier,
Mit em de Spreen, de flink in ganze Schoben
Int Gras spazeert un sökt, as gev dat Parlen.

Wer paßt darop? Wer wakt, wenn alle slapt?
Dar geit so een, en Mann in grote Stęweln,
De rum wadt mit de Hadbar in'e Wett.
Dat's een vun de mit Rittüg un Octanten,
De Baken utstękt un dært Fernrohr kikt,

DE HEISTERKROOG

Mit Kęden męt, de tekent un berękent
Int Taschenbok – merrn op dat wide Feld –
So as Hans Mommsen weer ut Fahretoft
Un annre, de de Freesch mit Ehren nömt.
De kikt na Weddefahn un Wedderglas,
Na Maan un Stern un kennt as de Kalenner
De Flot un de Getiden op'n Prick.
De süht man wannern na de Watten rut,
Bi holle Ebb mit Schecht un Kluwerstaken,
De seht den Dik na bi en hoge Flot,
Wa't Water anschælt un sik æwersmitt
Un dat he richti as en Karkendack
Schreeg fallt un glatt mit Soden as behæwelt.

Un iwri geit de Arbeit Toll vær Toll,
Un waßt de lange Wall vun beide Enn
Sik jümer neger, bet't man as en Dor
Dartwischen schint, wo noch dat Water schimmert.
Nu hölp uns Herrgott! Dat's de slimmste Enn,
De lettste, un de Hadbar is al al fort!
Doch wenn de ok sik todeit – Kar um Kar vull –
Un ropper stiggt, denn geit dat as en Fest,
Dat Hurrah nimmt keen Enn bi Dag un Nacht,
– De Mann mit't Fernrohr jümmer still darbi, –
Un endli steit der bi de eerste Springflot,
Wat Ogen hett un süht de See sik bręken,
De mächti ankumt den bekannten Weg
Un mal versöcht mit Macht hindær to bręken,
De Waggen opsmitt, dat dat schumt un brus't –
Un denn den Minschen lett, wat he erobert.

De Koog is klar. –
          Nu ward dat weder still,
Ja stiller noch un wöster as tovær.
De Schap sünd dar verdręben un de Seehunn,
Dat Vagelwark mit sams de Arbeitslüd,
Un witaf blinkt de See un treckt de Schęp,
Un Ebb un Flot blifft achtern Butendik,
Bet wedder Minschen kamt mit Hack un Spaden,
De Gröben kleit un Watersielen leggt,

De Tümpels todämmt un de Wurten opsmit
Un endli Plog un Egg, as sęker Teken,
Dat nu de Minsch hier künftighin regeert,
Langsam ęr Spor treckt langs de nien Fennen
Un plant un sei't ward un Gebüden opricht.

De nie Koog bi Bręklum leeg noch wöst,
Towöhlt, toręten hier un dar de Grasnarv.
Man gung wul sünndags langs den nien Dik,
Een un de anner, mal dat Wark to sehn,
De Plätz un Wurten, wo de Telten stunn
Un wo de Sodens gravt weern ton Besetten.
Sunst wank dor wękenlang keen Minschenseel.

In disse Tid, 't much ok en Sünndag węn,
Keem mal dar nachtens Böd an vun en Schipp,
Wat buten liggn blev vær de Norder Piep,
Op hoge See, in Maanschin, ünner Sęgel.
De Norder Piep herinner keem de Böd
Un slängeln sik, as weern se wul bekannt,
Umt dröge Hörn un mank de Platen dær,
Den Pril herop bet an den Hundenknüll,
Mit sęmrte Reems, so sacht, as weern se Smugglers.
Se lę'n sik achtern Dik un stegen ut,
En süß, acht Mann, un fungn dar an to graben
Un wöhln un klei'n un dręgen æwer Dik, –
Un lisen wedder steken se in See.
Den annern Morgen weern se mit de Flot
Mit Schipp un Böd verswunn as Dag un Nęwel.
Wat harrn se makt? Dar lepen wülke rut,
Um natosehn. Vellicht en Lik begraben?
Doch nich! En Lock weer hier un dar, se harrn
De Narv afschælt un rum wöhlt in'n Klei,
As harrn se söcht na Gold un Kostbarkeiten.
Dat Schipp, so heet dat, weer en hollandsch Smack,
Weer süden gan, de Hęver Hallig to.

As nu de nie Dik dik lagert harr
Un Prov bestan in Winterstorm un Isgang,
Do gung de Naricht in Avisen um

Un war bekannt makt in'e Krög' un Karken:
De nie Koog bi Bręklum stunn to Koop,
Parcellenwis' vun so un so vęl Demat,
Utgiftenfri, köpli op apen Bolen,
De Toslagg glik, bi Börgschop oder baar.
Na denn, wat nu daran grenz mit sin Hof,
Wat æwerflödi Geld harr mank de Buern,
Wat drifti weer un wull wat Nies versöken,
Wat Junges harr un ęr keen Hof to gęben:
Dat mak sik op na Bredstęd op'n Koop.

Süh an! Do tree der mank de freeschen Buern,
Mank all de Mummsens, Sönksens un de Harrings,
De treden forßer rann un boden höger,
Ok Freesch, dat goll de eerste Plaats in'n Koog,
Dicht westen dalwarts vun'e Kark in Bręklum,
Den harrn se as ęr egen längst betracht.
En Mummsens Sæn, de kreeg en Harrings Dochder
Un schull en Hof hebbn dicht an Vaders Hof,
De Pris weer fast sett vær „Nie-Süderwisch",
Dat hölp man nix, de Fremde drev se rop,
As acht he gar keen Geld un kenn keen Enn:
He wull den Placken hebbn un kreeg em ok.
Un as he fragt war na sin Nam un Börgschop,
Do neem he'n lütt Notizbok ut sin Tasch
Un wülk Papieren ut dat lüttje Bok
un sä: Dat Geld is hier in gude Wessels
Op Amsterdam, min Nam is Rip van Haarlem.

So! Dat weer he! un alle wussen't nu
He weer dat west vært Jahr un harr't besehn,
Weer heemli kam un harr bi Nacht un Nęwel
To Schipp sik Proben halt von Eer un Borrn
Un dar to Hus op Rappsaat sei't un Weten,
De kenn't! Dat weern de Freeschen vun de Maas,
Vun Vließen, Leiden un de Suidersee,
De harrn wi al op Strand un op Pellworm,
De kofften Grund un Borrn as Slachters Speck,
– All as se fett, so harr de Waar en Pris –:
Ostfreesche nömt dat Volk se an de Eider.

DE HEISTERKROOG

Dat weer de Mann, de bald dat Graben lei',
Wat los gung op den Placken westen Bręklum.
Dar war en Wurt opsmęten mit en Graft,
En Platz afkęken to en Appelhof,
Böm warn der plant, en Holt vun slanke Eschen,
Nu hoch opschaten na en dörtig Jahr,
Hoch æwer Hus un Schün, de domals bu't warn,
Un vull vun Heisters, de der nest't un tęlt
In ganzen Schoben, de der lacht un schrachelt –
„Mein Hexters", as ol Rip van Haarlem seggt ....
Dar kunn he morgens, sän de Knechtens, stan
Un smök sin kalken Pip un kiken rop,
As keek he na sin Duben, na „mein Hexters",
Wa se dar schracheln in de hogen Böm,
As snacken se en Sprach, de he verstunn,
De wul torügg reck in an anner Tid,
Wo't nich so eensam weer, wo lewe Minschen
Noch Stimm un Ton harrn, Modersprak noch schall
As nu de Hexters op den Heisterkrog.

Hundert Blätter
Paralipomena zum *Quickborn*

Wie traulich war das Fleckchen,
Wo meine Wiege ging!
Kein Bäumchen war, kein Heckchen,
Das nicht voll Träume hing.

Wo nur ein Blümchen blühte,
Da blühten gleich sie mit,
Und alles sang und glühte
Mir zu bei jedem Schritt.

Ich wäre nicht gegangen,
Nicht für die ganze Welt! –
Mein Sehnen, mein Verlangen,
Hier ruht's in Wald und Feld.

O wüsst ich doch den Weg zurück,
Den lieben Weg ins Kinderland!
O warum sucht ich nach dem Glück
Und ließ der Mutter Hand?

O wie mich sehnet auszuruhn,
Von keinem Streben aufgeweckt,
Die müden Augen zuzutun,
Von Liebe sanft bedeckt!

Und nichts zu forschen, nichts zu spähn
Und nur zu träumen leicht und lind,
Der Zeiten Wandel nicht zu sehn,
Zum zweiten Mal ein Kind!

O zeigt mir doch den Weg zurück,
Den lieben Weg zum Kinderland!
Vergebens such ich nach dem Glück –
Ringsum ist öder Strand!

Ich sah als Knabe Blumen blühn –
Ich weiß nicht mehr – was war es doch?
Ich sah die Sonne drüber glühn
Mich dünkt, ich seh es noch.

Es war ein Duft, es war ein Glanz,
Die Seele sog ihn durstend ein.
Ich pflückte sie zu einem Kranz
Wo mag er blieben sein?

Ich such an jedem Blümchen nach
Um jenen Schmelz, um jenes Licht,
Ich forsche jeden Sommertag –
Doch solche find ich nicht.

Ihr wusstet nimmer, was ich trieb?
Ich suchte meinen alten Kranz.
Er war so frisch, so licht, so lieb –
Es war der Jugendglanz.

Regenlied

Walle, Regen, walle nieder,
Wecke mir die Träume wieder,
Die ich in der Kindheit träumte,
Wenn das Naß im Sande schäumte;

Wenn die matte Sommerschwüle
Lässig stritt mit frischer Kühle
Und die blanken Blätter tauten
Und die Saaten dunkler blauten.

Welche Wonne, in dem Fließen
Dann zu stehn mit nackten Füßen!
An dem Grase hinzustreifen
Und den Schaum mit Händen greifen.

Oder mit den heißen Wangen
Kalte Tropfen aufzufangen
Und den neu erwachten Düften
Seine Kinderbrust zu lüften!

Wie die Kelche, die da troffen,
Stand die Seele atmend offen,
Wie die Blumen, düftetrunken
In den Himmelstau versunken.

Schauernd kühlte jeder Tropfen
Tief bis an des Herzens Klopfen,
Und der Schöpfung heilig Wehen
Drang bis ins verborgne Leben.

Walle, Regen, walle nieder,
Wecke meine alten Lieder,
Die wir in der Türe sangen,
Wenn die Tropfen draußen klangen!

Möchte ihnen wieder lauschen,
Ihrem süßen, feuchten Rauschen,
Meine Seele sanft betauen
Mit dem frommen Kindergrauen.

An Theodor

Wer von uns sprach, der sagte nur: die beiden.
Wir waren wie die Linke und die Rechte,
Und unterm Himmel gibt es keine Mächte,
Den Tod allein, so mächtig, uns zu scheiden.

Wie Haupt und Herz genießen oder leiden,
So traf auf uns das Gute wie das Schlechte;
Gibt's wahre Freundschaft: unsre war die echte;
Ist sie ein Glück, so sind wir zu beneiden.

So gleicht für uns die Trennung nur dem Traume,
Wo Herz und Haupt geschiednes Leben leben,
Die beim Erwachen sich als eins besinnen.

Träume gesund, mein Herz, im fernen Raume!
Der Morgen kommt! das Dunkel muß sich heben!
Ich werde Ruh, und du wirst Kraft gewinnen.

An Alexander von Humboldt

Die Fäden, welche Welten Welten senden,
Die Erd und Himmel wie ein Netz umschließen,
Die aus dem Sein zum Fluß des Denkens fließen
Und in dem Meer des e i n e n Wissens enden,

Ob sie an Sprachen sich, an Steine bänden,
Ob sie im Hirn, in Gras und Blumen sprießen,
In Mythen sich, in Bergkolosse gießen: –
Soweit sie faßlich, hast du sie in Händen.

Und jeder staunt, wie keiner dir entgleite,
Und ahnet bang, daß s i e d i c h uns entziehen
Zum Zentrum, da die Demantspindel windet.

Sie würden uns im wirren Knäul entfliehen,
Weil keiner da, der deinen Platz bestreite –
Drum eile mit dem Ring, der uns sie bindet!

Gelegenheitsdichtung

Festgedicht für Chorgesang zur Einweihung des Nord-Ostsee-Kanals (21. Juni 1895)

Klingt, ihr Wogen! Rauscht ihr Bäume!
Singt ein Lied im vollen Chor!
Legt sie an, die goldnen Säume!
Schüttelt wieder holde Träume!
Horcht! Der Kaiser lauscht empor!

Lange schauten wir in Sorgen
Oft auf diese blaue Flut.
Endlich kam der goldne Morgen,
Endlich waren wir geborgen
Unter Deutschlands sich'rer Hut.

Deutschlands erster Kaiser nahte,
Und die Feinde rings entflohn.
Ja, der Himmel winkte Gnade;
Jetzt auf sich'rem Friedenspfade
Folgt ihm stets der Sohnes-Sohn.

Was der erste Kaiser plante,
Führt der dritte rüstig fort.
Friedenswerke, die er ahnte,
Friedenswege, die er bahnte,
Baut er aus von Ort zu Ort.

Auch den Pfad von Meer zu Meere
Segnete der Kaiser ein:
Dass er einst zu Deutschlands Ehre
Frieden sichernd Segen mehre
Und ein Denkmal möge sein.

GELEGENHEITSDICHTUNG

Nun das große Werk vollendet,
Hält der junge Kaiser Wacht.
Sieh! Da naht er selbst! Er spendet
Huld dem großen Werk und sendet
Dank den Vielen, die's vollbracht.

Rauscht ihr Wogen und ihr Chöre!
Freude ward uns hier zu Theil.
Laut erschall's zu Deutschlands Ehre,
Freudig hall's von Meer zu Meere:
Heil dem deutschen Kaiser, Heil!

Vorwort *Quickborn* (1852)

Entnommen aus:

Klaus Groth: Quickborn. Volksleben in plattdeutschen Gedichten dithmarscher Mundart nebst Glossar von Klaus Groth. Mit einem Vor- und Fürwort von Oberconsistorialrath Pastor Dr. Harms in Kiel. Hamburg 1853 [1852], S. V–XII.
Die ursprüngliche Orthographie wurde beibehalten. An einigen Stellen wird ein im Original verwendeter Sperrdruck durch Kursivierungen ersetzt.

Zunächst für meinen schlichten plattdeutschen Landsmann einige Worte.

In alter Zeit, so wird erzählt, ging der deutsche Dichter von Ort zu Ort, und wo er heitere Gesellschaft fand, da sagte er seine Lieder her von Lied und Leid und den Helden unseres Stammes. Er spielte dazu auf der Laute oder der Harfe und sang seine Weisen – so erzählt man in alten Büchern. Singen war's wohl nicht, wie unsere schönen Lieder vom Matrosen, von der Linde im Thal oder „Ich stand auf hohem Berge". Dazu waren die Lieder zu groß, denn wir haben sie noch, wie das von der Nibelungen Noth oder der schönen Gudrun. Der Dichter sang es wie die Kinder den Kringeltanz oder den Ribbelrey vom verlornen Schatz: Mach' auf, mach' auf den Garten! – So denk ich mir's. Es mag auch anders gewesen sein. Aber was ich damit meine, ist dies: Wenn er nun plattdeutsch gesungen hätte:

Kick, dar bringt de all herbi
Den kaptalen Hersebri,
Stief mit Sandel æwerzuckert,
Dat dat Hart in'n Lief Een puckert,
Ut de Müler piperlings
Löppt dat Water rechts un links –

wenn er so gesungen, so würde ein alter Dithmarscher ihn ernsthaft gefragt haben: ob dat Kramerlatin wehr? Wir, leider Gottes, lachen; wir lassen unsere herrliche Sprache mißhandeln, daß sie tanzt, wie ein geprügelter Bär, und meinen, das sei Spaß! – Fragt euch selbst: habt ihr je ein plattdeutsches Stück vorlesen hören, gerade wie ihr selber sprecht? oder ein Stück, das euer Herz traf, weich und traulich wie die Stimme der Mutter? Ich habe keines gehört. Es mag davon kommen, daß es schwer ist, da es sich kaum einmal schreiben läßt, wie es klingt; größtentheils aber, weil wir unsere Mundart platt schimpfen, sie selber nicht achten, die Sprache der alten Sassen. Das sollte man dem Dänen bieten! Aber wir erkennen nicht, was wir haben und Schätzen nur das Fremde, so sind wir Deutsche – noch immer.

Ich wollte, ich könnte selber kommen, wenn ihr abends hinterm Ofen sitzt, und euch meine Lieder sagen und sprechen, recht als wäret ihr's selbst, nur mit Reim und Takt, wie die Dichtkunst es lehrt – ihr solltet euch verwundern! – nicht über meine Kunst, denn die halt' ich gering, aber über den Klang und Gesang, der in den platten Tönen steckt, die da schelten können wie keine, und doch schmeicheln und weinen, – nicht läppisch wie ein Kind, sondern wie ein Mann, der die Thränen im Auge zerdrückt.

Hochdeutsch mag ein Buch den Sänger ersetzen. Da die Schrift ein treues Bild der Sprache geworden, vielleicht weil die Sprache ihre Mienen nach dem Bilde gemodelt, vielleicht weil wir nur Portraits von ihr gesehen und nie ihr Angesicht selber: das Plattdeutsche soll und muß gesprochen werden. Hier muß man den Buchstaben ablauern, welchen Ton sie meinen, und dann frisch und lebendig sprechen, als wären es eigene Gedanken.

Wer sich die Mühe genommen, der mag meine Stelle vertreten, er kann es um so besser, weil er leicht die kleinen Veränderungen lies't, wodurch selbst benachbarte Oerter sich in der Mundart unterscheiden.

Sollte Er dann Beifall finden, so drück' ich ihm im Geiste die Hand, denn er hat mitgewirkt in meinem Streben, d i e   E h r e   d e r   p l a t t d e u t s c h e n   M u n d a r t   z u   r e t t e n .

VORWORT *QUICKBORN* (1852)

Um nicht die Grenzen eines Vorwortes zu sehr zu überschreiten, werde ich mich in einer Zeitschrift des Näheren über mundartliche Dichtung im Allgemeinen, über die Anwendung des Plattdeutschen im Besonderen, so wie über meine plattdeutschen Gedichte aussprechen, und will hier nur einige Hauptpunkte berühren.

Es ist zunächst ein dunkler Trieb, der zur Anwendung eines Dialektes führt; bei mir war es Liebe zum treuherzigen Mutterlaut. Der Dialekt besitzt eine Naturfrische, den Ausdruck des naturwüchsigen Volksgeistes; der plattdeutsche ist schon oft unpoetisch gescholten worden, ob mit Recht, das müssen Versuche entscheiden: allein sinnliche Frische und Reichthum kann ihm Keiner absprechen, der ihn studirt hat. Wenn aber auch, so treibt uns die wehmüthige Liebe, die ihn vernachlässigt und verachtet sieht, uns die Töne zu erneuern, die mit unsern Kinderspielen verwachsen sind. Leider ist er meistens im schriftlichen Gebrauch nur mißhandelt worden zu dem kümmerlichen Zwecke, eine gemeinsame Lachlust zu erregen. Man hat ihn dadurch in den Augen des Volkes noch mehr der Verachtung Preis gegeben, als er schon durch einen seinen unglücklichen Namen „plattdeutsch" geworden ist. Hat man doch selbst ehrwürdige Proben ernster Kanzelberedsamkeit in niedersächsischer Mundart nur hervorgesucht, um seinen traurigen Spaß mit dem Gewande zu treiben, worin die norddeutsche Treue sich kleidet. Dem entgegen zu wirken ist bei mir nach und nach das bewußte und ernste Streben geworden. Ich habe zu dem Ende vielfältig Zweck und Mittel erwogen, und bin zu folgendem Resultate gekommen, dessen tieferen Beweis ich anderwärts liefern werde:

Das Gebiet der schriftlichen Anwendung des Plattdeutschen sind poetische Darstellungen aus dem Volksleben, worin das Volk sich selbst idealisirt kennen lernt. Wenn alle Poesie den Zweck hat, ästhetische Veredelung zu wirken, so muß sie durch Naturwahrheit und Verständlichkeit zunächst und vor allen Dingen sich Zugang verschaffen. Der Plattdeutsche lernt aber nie aus dem Grunde, d. h. in anschaulicher Durchsichtigkeit Hochdeutsch. Die Meisterwerke deutscher Dichter bleiben unserem Volke ein verschlossener Schatz; wenn es liest, so schaut es wenigstens nur fremde Verhältnisse, nicht sich selbst, und die Poesie wird ihm ein

VORWORT *QUICKBORN* (1852)

Traumbild einer fernen Welt. – Wir wollen nicht aus Specialinteresse, daß unsere gemeinsame Schriftsprache durch das Plattdeutsche verdrängt werde. Wir halten es sogar für heilsam, wenn ein edleres Gewand Glaube und Wissenschaft umkleidet, wir glauben auch nicht, daß unser Dialekt neben seiner Frische zugleich Blässe genug besitzt, um – selbst wenn es ihm an Reichthum nicht fehlen sollte – die wissenschaftliche Abstraktionen, welche seit Leibnitz das Hochdeutsche durch die Arbeit unserer Denker gewonnen hat, auszudrücken. Unser Streben geht also nicht dahin, das Hochdeutsche durch eine niedersächsische Schriftsprache zu ersetzen. Wir glauben nur, daß dem plattdeutschen Dialekt ein Platz in der germanischen Litteratur gebührt, und diesen suchen wir ihm genau zu umgrenzen.

Dadurch haben wir zugleich die Mittel bestimmt, die uns für unseren Zweck zu Gebote stehen: Wir nehmen die heimische Mundart, unverfälscht durch subjective Einmischungen, treu wie sie im Volke lebt. Ich will mich darüber nicht weiter verbreiten; es würde mir Anstrengung kosten, dem Zorn nicht die Zügel schießen zu lassen über die Eitelkeit eines kleinen Verstandes, der da glaubt, einem Organismus Organe und Glieder anflicken zu müssen, weil das störrige Wesen nicht gerade einen Knicks machen will, wo sein Versfuß ein Gelenk fordert. Min lewe Landessprak, wie schändlich bis Du verstümmelt worden!

Bei wahrer Liebe zur Muttersprache und nach ernstem Studium derselben – das freilich seine Schwierigkeiten hat, da keine schriftlichen brauchbaren Quellen vorhanden sind, zu denen man als bleibenden Projekten und Mustern zurückkehren kann – mit Ernst und Liebe also erhält diese Grundregel praktische Schärfe genug, um nähere Vorschriften unnöthig zu machen. Natürlich würde es zum zersplitternden Particularismus führen, wenn man jede Verflüssigung jedes bestimmten deutschen Lautes, den gerade ein bestimmter Ort in eigener Weise nüancirt, schriftlich wiedergeben wollte. Allein nimmermehr darf man so weit gehen wie Voß, daß man, um recht vielen Niederdeutschen verständlich zu werden, alles Eigenthümliche einer Landschaftssprache in Wort und Construction abschleift oder gar willkürlich Flexionen anbringt, wo sie im Munde des Volkes nicht vorhanden sind. Freilich wird der Hexameter bei den vielen

VORWORT *QUICKBORN* (1852)

Spondäen äußerst schwierig und immer hart, wie der Uebersetzer des Homer wohl wußte. Allein es läßt sich doch auch der Beweis liefern, daß Voßens Sprachmessung keine absolute Gültigkeit hat, und aufs Plattdeutsche angewandt, bedeutende Modificationen erleiden muß. Ich warne aus Erfahrung besonders vor willkürlicher Versetzung der Wortfolge. Gerade in ihrer Topik trägt die Sprache der Niedersachsen ihren Hauptcharakter. So mühselig es sein mag, es hilft kein Beugen, man zerbricht den saftreifen Sproß, man muß geduldig nach einem ähnlichen suchen, der den geeigneten Wuchs ohne Beschneiden schon mit sich bringt.

Im Hochdeutschen ist es längst ausprobirt, in welchen Tönen die Sprache ihre größte Macht oder Musik besitzt. Alle Harmonien sind versucht, alle Versmaße ausgemessen. Es handelt sich nur um den Inhalt, die Form liegt zur Auswahl vor. Gerade hierin macht sich der Mangel an Vorgängern im Plattdeutschen so sehr empfindlich. Es fehlt uns z. B an weiblichen Reimen. Bei wem soll man lernen, da das Hochdeutsche uns verläßt, etwa bei Engländern und Schotten? Ich führe dies an, um bei etwanigen Fehlgriffen in meinem Herumsuchen die Schärfe der Kritik in etwas abzustumpfen. Meine Nachfolger mögen an meinen Fehlern Exempel nehmen und auf meine Schultern steigen.

Die Schreibung sollte ein Bild der gesprochenen Rede sein, in welchem man jedes Wort leicht und sicher erkennt. Dazu ist aber nicht genug, für jeden bestimmten Laut ein gewisses Zeichen zu setzen. Man erkennt sehr viele Wörter nur dann leicht und sicher, wenn man an der Schreibung, ihrem Bilde, zugleich ihre Abstammung wahrnimmt, und das ist wieder nicht möglich, ohne das Bild unähnlich zu machen, d. h. Laute zu schreiben, die nicht gesprochen werden. So zeichnet demnach jede Orthographie Vergangenheit und Gegenwart einer Sprache zugleich, und da beide nicht gleich sind, kommt es auf den Gebrauch, und wo noch kein Gebrauch, auf den Schreiber an, welches von diesen Doppelgesichten der Sprache er mehr vortreten läßt, z. B. eräugnen oder ereignen? Die Wahl ist quälend im Plattdeutschen, da jenes zweite Gesicht nicht einmal ihm selbst, sondern meistens dem Hochdeutschen angehört. Ich habe nur nach mühseligen vergeblichen Versuchen es ganz zu vermeiden, gezwungenerweise der Rücksicht nachgegeben: dem Hochdeutsch

Lesenden das Verständniß zu erleichtern. Daher das Ungleichmäßige in der Rechtschreibung. So wird z. B. das *t* nach dem starren Consonanten nicht gehört, also *Kraf* statt *Kraft*, *Lich* statt *Licht*, und ist doch öfter mitgeschrieben. In Vadder, Wedder, wedder sprechen wir eigentlich ein aspirirtes *t* (englisch *th*, isländisch *dh*). Alle feinen Lautübergänge lassen sich doch nicht bezeichnen z. B. *Öwer* (Öhwer = Ufer), *æwer* (über), *Ewer* (Ehwer = Schiff), *Ewer* (Äwer = Eber), am wenigsten in den Endungen; sie wollen gehört sein. Ich habe von eigenthümlichen plattdeutschen Lauten daher nur für das *ä*, das fast wie *öä* klingt, ein eignes Zeichen, das dänische *æ* gewählt.

Landkirchen auf Fehmarn im April 1852.
Klaus Groth.

BRIEFE ÜBER HOCHDEUTSCH UND PLATTDEUTSCH*

Sechster Brief

Diesmal will ich Ihnen eine Frage vorlegen. Ist Sprache ein Adelstitel? Welche lächerliche Frage, antworten Sie. Und doch, gestehen Sie, gerieren sich unsere Journalisten nicht wie ein Adelskapitel, wenn sie vornehm behaupten, das Plattdeutsche sei gar keine Spradie, habe gar kein Recht, – ‚Sprache' tituliert zu werden, sondern sei nur eine Mundart? Ist es nicht so absurd, als wenn man streitet, ob ein Mensch ‚Mensch' genannt werden dürfe? – Oder man macht mit einem ‚Epitheton ornans' [= schmückendes Beiwort]. einen Unterschied zwischen wirklicher Sprache und den andern, wie etwa der preußische Staatskalender zwischen Geheimräten und Wirklichen Geheimräten.

Wo Sie Sprache und Mundart in solcher Weise angewandt finden (und das ist bis jetzt fast ohne Ausnahme in allem, was darüber geschrieben worden), da suchen Sie keine Belehrung, dort spricht nicht Einsicht und Urteil, sondern der Kastengeist derer, die sich liberal nennen, und Sie wissen, dass der blinder ist als irgendeiner.

Wenn das Hochdeutsche allein und ausschließlich den Namen einer Sprache führen darf, so wird der Name ‚deutsche Sprache' bedeutungslos, da eine Sprache doch nicht aus einer Sprache und einer Menge Mundarten bestehen kann. Halten Sie diese meine Genauigkeit nicht für Pedanterie! Die Gegner haben die Vieldeutigkeit der Begriffe als Hauptmittel benutzt, um über uns mit Hochmut Gericht zu halten; dagegen gibt's keine andere Waffe, als ihre falschen Mittel aufzudecken. – Wenn wir aber das, was deutsche Zunge spricht, sei es platt oder hoch, gedruckt

---

* Das Lesebuch verzichtet bewusst auf eine nähere Kommentierung der Briefe. Erläuterungen finden sich auf den Seiten 358–360 des Bandes *Klaus Groth, Über Sprache und Dichtung*, hrsg. v. Ivo Braak und Richard Mehlem (Sämtliche Werke, Bd. 6, 2. Auflage Heide 1981.).

oder ungedruckt, deutsche Sprache nennen, so fasst diese Gesamtheit zwei Hauptgruppen unter sich, die wir als ‚plattdeutsch' und ‚hochdeutsch' oder als ‚niederdeutsch' und ‚oberdeutsch' bezeichnen können. *Der Baum deutscher Sprache besteht aus zwei Stämmen, einem hochdeutschen und einem plattdeutschen Sprachstamme,* die beide wieder in eine Menge Zweige geteilt sind, und diese Zweige sind die Mundarten.

Wollen wir jetzt die Stellung der hochdeutschen Schriftsprache in dem ganzen Sprachgebiete angeben, so können wir sagen, um im Bilde zu bleiben, die Schriftsprache ist nicht etwa der Stamm der deutschen Sprache, wovon die Mundarten die mehr oder weniger saftvollen Zweige sind; sie hat eine eminente Stellung, natürlich, als Trägerin der edelsten Früchte der Wissenschaft und der Poesie mag man sie als das Edelreis betrachten; aber ein Zweig ist sie unter den Zweigen, vom wissenschaftlichen Standpunkte aus ist auch sie nur eine Mundart.

Dadurch wird das Hochdeutsche nicht herabgesetzt, kann es nicht einmal, es bleibt immer die Sprache der Gebildeten, der Kirche, der Bibel, die Sprache, vor der man von selbst Respekt hat durch eigne Kunde und Einsicht, die das Maß ihres Wertes in sich selbst trägt und keines Vergleiches bedarf, um gehoben zu werden. Wir betonen diese Stellung der Schriftsprache zu den andern Mundarten nur, um ein Vorurteil abzuwehren.

Der Stamm ist eher da als die Zweige. So ist nicht diese Schriftsprache vor den Mundarten dagewesen. Diese sind nicht aus ihr durch Degeneration und Verderbnis wie Wasserreiser und Auswüchse entstanden, insofern wird das Bild falsch; die Mundarten sind vielmehr die Wurzeln, wenn man die Schriftsprache als den Stamm ansehen will, diese wird verdorren, wenn man die Mundarten abschneidet, die ihr den Lebenssaft zuführen, wie das z. B. beim Französischen der Fall ist. Die Mundarten sind durchaus nicht ein verschlechtertes, verderbtes Hochdeutsch, sondern die gesunde Grundlage desselben, nicht eine Karikatur der gebildeten Sprache, sondern der Marmor, aus dem ihr Bild gemeißelt ist. Mundarten in jenem schlechten Sinn würden erst entstehen, wenn das Hochdeutsche alleinige Sprache Deutschlands würde, wovor uns Gott behüte, denn dann würden die niederen Stände daraus ein Patois [= Dialekt, lokale Varietät] machen, in jeder Stadt Deutschlands, in jeder Provinz, je nach der Eigentümlichkeit des Volkscharakters ein anderes; denn das Volk wird nie davon abzuhalten sein, sich seine Sprache zurecht zu schneiden, weil man es nie wird anhalten können, vollständig die hochdeutsche Grammatik zu bewältigen. Wir würden alsdann wieder ebenso viele Mundarten haben wie jetzt, aber nicht als lebendige Wurzeln der gesunden Volksanschauung, sondern als Wasserreiser einer halb assimilierten Bildung. Ach leider geben schon mehrere norddeutsche Städte, wo sich der Handwerker bemüht, seine schöne Muttersprache zu verleugnen, in einem wahrhaften Greuelhochdeutsch dazu den Beleg her.

Schon daraus sehen Sie, wie notwendig es ist, die natürlichen Mundarten Deutschlands zu pflegen, zu erziehen, sie nicht herabzuwürdigen.

Siebenter Brief

Jacob Grimm sagt von der Schriftsprache: man könne die Sprache Luthers als Kern und Grundlage der neuhochdeutschen Sprachniedersetzung betrachten. Das ist Tatsache. – Häufiger noch hört man das Wort: Luther habe das Beste aus den deutschen Mundarten vereinigt und daraus seine Sprache neu gebildet. Das ist falsch. – Endlich aber, wenn man uns in feierlichem Tone immerfort zum Danke gegen ihn ermahnt, als der durch seine Sprache die deutsche Einheit herbeigeführt habe, so wünsche ich im stillen Herzen die deutsche Einheit, mit der Sprache hätte es sich schon gefunden.

Wollen wir denn durchaus wissentlich blind sein und uns blenden lassen, sichtlichen Tatsachen gegenüber? Luther hat keine Sprache geschaffen, so hoch ist noch kein einzelner je gehoben, daß er dies Wunderwerk bauen könne; Sprache schafft nur ein Volk. Er sagt selbst: „Ich habe keine gewisse, sonderliche, eigene Sprache im Deutschen, sondern gebrauche der gemeinen deutschen Sprache, daß sie mich beide, Ober- und Niederländer, verstehen mögen." Das heißt aber nicht ein Gemisch aus

Hoch- und Plattdeutsch, sondern die Sprache des mittleren Deutschlands, wie er denn hinzusetzt: „Ich rede nach der sächsischen Kanzelei, welcher nachfolgen alle Fürsten und Könige in Deutschland. Alle Reichsstädte, Fürstenhöfe schreiben nach der sächsischen und unsers Fürsten Kanzelei, darum ist's auch die gemeinste deutsche Sprache", oder nach unserm Begriff: ‚Mundart' (Tischreden 1723, S. 699). Luther schrieb also in der sächsischen Mundart, die damals am häufigsten als Schriftsprache gebraucht wurde. Er schrieb in seiner heimischen Mundart. Seine Sprache ist so frisch, so vom Munde weg, so gesprochen, so von Mann zu Mann: sie kann nur als Mutterlaut erlernt, nur frisch vom Munde erhorcht sein. Sagt er doch auch selbst: „Man muß die Mutter im Hause, die Kinder auf den Gassen, den gemeinen Mann auf dem Markte fragen und denselben auf das Maul sehen, wie sie reden", um Deutsch zu lernen. Und wirklich nahm er seinen Wortschatz zum Teil geradezu vom Schlachter, Weber, Schmiede, wie man aus seinen Studien für die Bibelübersetzung ausdrücklich weiß – beim Schlachten und Metzgen eines Lamms z. B. sah er eifrig zu, merkte sich alle Ausdrücke, ließ sich die innern Teile zeigen und benennen und benutzte das Erlernte beim Übertragen der mosaischen Opfergesetze –, teils natürlich empfing er seine Sprache aus den Schriften, mit denen er sich am innigsten beschäftigt hat, wie z. B. der berühmten älteren „Theologia deutsch" oder den schlagendsten Schriften seiner Freunde und Gegner aus verschiedenen Gauen Deutschlands; durch diese mag dann bewusst oder unbewusst manches aus den übrigen Mundarten Deutschlands mit eingeflossen sein. Aber die neuhochdeutsche Sprache steht nicht da wie der Stamm, der aus sämtlichen deutschen Mundarten als den Wurzeln das edelste Mark in sich vereint hat. Kern und Grundlage derselben ist auch eine Mundart, die sächsische in dem Sinn, in welchem später noch unser großer Schulmeister Adelung die meißnerische für die maßgebende der gebildeten Rede erklärt. Sinnliche Frische und Leben hatte sie in Luther, wie immer, durch das Heimatgefühl, ihre hinreißende Gewalt freilich in seinem gewaltigen Herzen.

Nicht einmal die oberdeutschen Mundarten sind von der Schriftsprache aufgesogen, man werfe nur einen Blick in Schmellers altbairisches Wörterbuch oder in Jeremias Gotthelfs schweizerische Schriften, um zu sehen, welche Wortschätze, welche Satzwendungen dort noch unbenutzt liegen. Goethe, der gewaltigste Mehrer des Reichs hochdeutscher Zunge, hat hauptsächlich auch nur aus Mitteldeutschland geschöpft. Vom Plattdeutschen ist seit Luther so gut wie nichts in die Schriftsprache übergegangen, was nicht schon allen Stämmen gemeinsam war, höchstens einige einsame Wörter.

Ist es Ihnen nun nicht sonderbar, daß diese Wörter dann meistens als der edlere, poetische Ausdruck gebraucht werden, gegenüber dem gewöhnlichen hochdeutschen Ausdrucke des gemeinen täglichen Lebens? Zum Beispiel das plattdeutsche ‚Born' (der Born des Lebens, der Born des Heils), hochdeutsch ‚Brunnen', das halbplattdeutsche ‚Odem' (der Odem Gottes, nicht der Atem), hochdeutsch ‚Atem'. Den Grund davon mögen Sie sich vorläufig suchen, ich werde ihn Ihnen später angeben. Einige wenige Wortformen und Wendungen sind durch Joh. Heinrich Voß, besonders seine vielgelesene Übersetzung des Homer, hochdeutscher Sprachbesitz geworden. Der ‚Wandsbecker Bote' hat schon weniger gewirkt, noch weniger E. M. Arndt trotz seines absichtlichen Strebens in seinen prosaischen Schriften.

Vom Plattdeutschen scheint die Schriftsprache also nur wenig Nahrung empfangen zu haben, und doch, wenn es nicht zu leugnen ist, daß die Elemente mit an der Sprache bauen, daß Heimat und Umgebung die Sprache modeln, wenn also die oberdeutschen Mundarten durch Himmel und Erde mitgeboren sind, so hat noch ein drittes Element die plattdeutsche Sprache mitgezeugt, und zwar das vornehmste: das Meer. Was das für den Reichtum und den Charakter einer Sprache sagen will, brauche ich Ihnen nicht näher zu entwickeln.

Warum aber so wenig Plattdeutsch in die Schriftsprache übergegangen ist, das hat denselben Grund mit dem Gebrauch plattdeutscher Wörter wie ‚Born', ‚Odem' als poetische Ausdrücke den gemeinen hochdeutschen gegenüber: *die plattdeutsche Sprache ist die ältere, edlere der beiden Schwestern.* Erschrecken Sie nicht, ich will keinen Rangstreit wieder anfachen, ich will Ihnen einfach eine Tatsache darlegen und gebrauche dafür einen geläufigen Ausdruck. Es ist nämlich das natürliche Sprachgefühl, das in allen Sprachen die älteren Wortformen wie edlere, vornehme, im poetischen oder sonst eminenten Sinne gebraucht. Das taten schon Römer und Griechen, das tut das Altdeutsche, wenn es wieder noch ältere Formen anwendet, z. B. im Nibelungenliede, wo es vom Helden Siegfried heißt, er sei ‚ermorderot' statt ‚ermordet'. Im Neuhochdeutschen ist es nicht anders. Wenn wir plattdeutsche Wörter im poetischen Sinne gebraucht finden, so hat das natürliche Sprachgefühl herausempfunden, daß das Plattdeutsche in seinen Formen älter ist als das Hochdeutsche; älter, das heißt nicht: früher entstanden, sondern weniger verändert, dem Urdeutsch näher.

Dieses Urdeutsch kennen wir nicht, aber seitdem wir die deutsche Sprache aus Schriften kennen, ist sie, wie Jacob Grimm sagt, zweimal aus ihren Fugen gewichen und hat sich aus den Trümmern wieder neugestaltet. Ich kann Ihnen dies nicht im einzelnen beschreiben, es wird Ihnen indes deutlich, welche Revolution es jedesmal muss gewesen sein, wenn Sie nur dies eine vernehmen, dass eben die Konsonanten, die Grimm die Knochen der Sprache nennt, förmlich verschoben worden sind. Glücklicherweise geschah es mit einer durchstehenden Gleichförmigkeit wie nach einer Regel, sonst wäre es dem Deutschen gegangen wie dem Latein, daß der Faden ganz zerrissen und aus der untergegangenen Sprache sich ganz neue entwickelt hätten, wie dort die rumänische, italienische, spanische, französische. Für uns blieb das Deutsche wenigstens Deutsch. Jene Regel hat Jacob Grimm aufgefunden. Sie können sie jetzt in jeder guten Grammatik als das *Gesetz der Lautverschiebung* finden. Danach geht z. B. *d* in *t*, *t* in *z* über.

Nun aber zeigt das Plattdeutsche eben in seinen starren Konsonanten, dass es eine der beiden Revolutionen nicht mit durchgemacht hat, also auf einer älteren Stufe des Lautwandels stehengeblieben ist. Zum Beispiel ‚Dær', ‚dot', ‚Tid' sind ältere Formen als die hochdeutschen ‚Tür', ‚tot', ‚Zeit'. Und diese durchstehend ältere Laufstufe des Plattdeutschen hat verhindert, dass bei der neuen Konsolidierung der Schriftsprache seit Luther seine Sprachschätze nicht unmittelbar ins Neuhochdeutsche eintreten konnten.

Plattdeutsch und Hochdeutsch

Neunter Brief

Man spricht immer von dem Treiben der plattdeutschen Schriftsteller, als hätten sie die Absicht, das Hochdeutsche zu verdrängen, wenigstens in plattdeutschen Landen ihre Mundart zur geltenden Schriftsprache zu machen. Es hat nicht geholfen, daß schon seit der ersten Auflage des „Quickborn" in der Vorrede desselben zu lesen stand: „Wir wollen nicht aus Spezialinteresse, daß unsere gemeinsame Schriftsprache durch das Plattdeutsche verdrängt werde"; wenn gesagt worden, dass Religion und Wissenschaft ihre Sprache behalten müssten, dass man die Mundart von Kanzel und Schule ausgeschlossen wünsche. Man scheint dies ehrliche Wort für eine Finte zu halten, bestimmt, unter dem Deckmantel der Bescheidenheit das erste Plätzchen erobern zu helfen, das weitere werde sich finden.

Könnte man sich denn nicht durch den Augenschein überzeugen? Sehen die Gedichte der Dethlefs, der „Quickborn", die „Vertelln", die „Läuschen un Rimels" von Fritz Reuter danach aus, dass sie eine Revolution der Sprachverhältnisse Deutschlands bewirken sollen oder können? Sehen ihre Verfasser danach aus, daß sie schlau verborgene, so weitgehende Unternehmungen im Schilde führen? Keiner wird mit Ja antworten können. Und dennoch fragt man sogleich wieder: Was wollen sie denn, wenn sie nicht die Absicht haben, das Plattdeutsche wieder zur Schriftsprache zu machen? Als wenn niemand eine neue Blume pflanzen oder eine veraltete neu aufziehen könnte ohne die Absicht; Nachbars Gärten und Äcker damit zu überwuchern. Kann man sich nicht an der Blume erfreun? und wenn sie missfällt, gleichgültig vorüberwandeln?

Die Plattdeutschen wollen keinen andern Platz einnehmen, als worauf sie stehen. Ist dort nicht Raum für sie? Drängen sie sich auf, mehr als andere? Sie wollen nicht plattdeutsch philosophieren, plattdeutsch dozieren, plattdeutsche Kompendien, Konversationslexika, literarischkritische Journale schreiben. Wo haben sie dazu Miene gemacht? Fürchtet man denn von den neun Millionen Bauern, die jeden Tag nichts anders als Plattdeutsch reden, dass sie den Hochdeutschen ins Handwerk fallen? *Aber ihren Platz wollen sie, und sie haben ein Recht dazu.* Sie wollen nicht erobern, aber erhalten. Man sammelt so viel Reliquien der Vergangenheit in Museen und Bibliotheken, man sammelt alte Knochen und alte Bücher; sie wollen ein lebendes Monument der alten Zeit erhalten: Sprache und Sitte; sind sie darum zu tadeln und scheel anzusehen? Das Nivellement [= Angleichen] geht reißend schnell über den Erdboden, Wüsten und Wälder verschwinden, aber auch Charaktere: sie wollen erhalten, was zu retten ist, was unwiederbringlich mit der Sprache untergeht. Ein Bauer, der seine Sprache spricht, frei und sicher, ist ein Mann, er bringt uns den Lebenshauch einer eignen Welt und Weltanschauung mit, so eng, so borniert, so hart sie sein mag, er kommt nie an uns heran ohne irgendeine Erfrischung der Seele; ein hochdeutsch stammelnder Bauer wird eine Karikatur von uns, ein schaler Ausdruck unserer selbst, er wird, was Kellner und Wirte schon lange geworden, seit die guten alten Gasthäuser verschwunden sind.

Wir Norddeutsche sind konservativ und liberal zugleich. Wir wollen Sprechfreiheit. Sollen wir nicht reden können, wie uns der Schnabel gewachsen? wie wir uns verstehen? Aber nein! Die Hochdeutschen wollen uns uniformieren, sie wollen uns zu ihren Brüdern machen, aber nicht sich zu den unsern, wir sollen immer aufgeben, hingeben, nun gar unser Eigentümlichstes, unsere Sprache. *Denn Sprache und Volksgeist sind eins und dasselbe.* Man kann sie nicht eng genug verbunden denken, sagt W. v. Humboldt; wenn man eins von beiden genau genug kennte, müsste man das andere daraus konstruieren können.

Uns geneigt zu machen, wird uns unsere Eigentümlichkeit als Roheit, unser Reichtum als Armut vorgehalten. Es wird uns vordemonstriert, was wir alles nicht sagen können, unsere Sprache sei nicht imstande, die höheren Lebensverhältnisse, wissenschaftliche Begriffe, verwickelte Denkverhältnisse auszudrücken. Und gerade dasselbe behauptete Leibniz vor hundert Jahren, fünfzig Jahre vor Goethe und Kant, vom Hochdeutschen, der ‚Haupt-und Heldensprache', wie er sie trotzdem nennt! Der Unsinn ist groß. Ein Sprache kann gerade das nicht ausdrücken, was sie noch nicht ausgedrückt hat. Mehr kann man nicht behaupten. Wer kann bestimmen, was sich plattdeutsch *nicht* sagen ließe? Es komme der Mann, der irgend etwas zu sagen hat – er wird es eben sagen, plattdeutsch, wenn er ein Plattdeutscher ist. Was behauptete man von dem Plattdeutschen kurz vor dem „Quickborn"? Die Sprache sei nur zum niedrig Komischen brauchbar. Wenn jetzt jemand behauptet, sie könne keine klassischen Metra ausprägen, so, bin ich überzeugt, wird er erst im „Quickborn" zusehen, ob dort nicht doch klassische Metra sich finden, und findet er dann den Hexameter, so sagt er: Freilich Hexameter, das geht noch, allein sapphische Strophen usw., das geht nicht, und mit dem Hexameter hapert's. Und das wird man ihm glauben, weil man es wünscht.

Fähig ist die plattdeutsche Sprache zu allem – wie sollte sie nicht, die die tiefsten Töne der Menschenbrust in Liebe, Leid und Tod – nicht etwa im „Quickborn", sondern alle Tage ausspricht. Oder begrüßt der Vater seinen Erstgeborenen hochdeutsch? Und flüstert der Bräutigam seine Liebe erst, wenn er sie übersetzen kann? Oder ist diesen Leuten anders zumute, wenn Vater und Mutter stirbt, als etwa einem Geheimrat? O welche Sünde begeht man mit unsinnigem Gewäsch! Man raubt denen das Vertrauen an sich selber, am eignen Wort, am eignen Gefühl, die da gläubig genug sind, zu den Schwätzern hinaufzublicken als zu den Höheren.

Fähig ist das Plattdeutsche zu allem, man kann sich über Wissenschaft und Religion darin unterhalten. Wenn andere behaupten: nein, – was kann ich dafür, dass sie nicht Plattdeutsch können? Wer hat sich denn je um seine plattdeutsche Sprache bemüht, wie er es um seine hochdeutsche getan? Wenn der Pastor nicht plattdeutsch mit seiner Gemeinde über Glauben und Pflichten sprechen kann, so liegt's nicht an der Sprache, es liegt an ihm, der die Sprache nicht beherrscht. Ein positives Beispiel hebt alle jene Einwendungen auf: Verfasser dieses kann es und könnte einen tüchtigen Rechtsgelehrten nennen, der ihm sagte: er spräche häufig über Recht und Religion mit seinen Landsleuten, und zwar nur plattdeutsch, und wäre dabei nie in Verlegenheit um Ausdrücke und Wendungen.

Also fähig ist unsere Muttersprache, und wäre sie es nicht, so könnte sie in fünfzig Jahren so gut wie ihre Schwester befähigt werden. Was ihr die Zeit geben kann, ist nicht Inhalt, sondern Form. Eine noble Frisur ist bald hergestellt, wenn nur ein kräftiger Haarwuchs vorhanden ist. Allgemeine Begriffe entstehen aus besonderen, abstrakte aus konkreten ganz von selbst, sobald das Bedürfnis der Abstraktion da ist. Gerade an konkreten Ausdrücken, am Holz, hat das Plattdeutsche Überfluss. Fähig ist es zu allem, wozu man eine Sprache braucht, nur gottlob noch nicht zu den Sprüngen und Hopsen, wozu man eine Sprache nicht missbrauchen sollte, wozu man die hochdeutsche gezwungen, wodurch man ihre Glieder verrenkt und verbogen hat. Oder sollten die Millionen leerer Formeln, die man in der gebildeten hochdeutschen Gesellschaft allabendlich auswechselt: – „Ich bin entzückt, Ihre werte Familie in so ausnehmendem Wohlsein zu finden" – und worin gerade die heranwachsende Jugend sich einübt; die Millionen unsinniger Konstruktionen, welche in Kaufmannsbriefen umlaufen: – „Anbei übermache Faktura mit 100 M, wofür mich zu erkennen bitte" – der Wortschwall von Nichtssagen, den tausend deutsche Zeitungen täglich verbreiten: – „KK. MM. geruhten Ihr Absteigequartier bei usw." „Der Hamburger Börse schien es in letzter Zeit an Kraft zu fehlen, einen neuen Aufschwung zu nehmen" – das Wortgeklingel unserer Predigten von der Kanzel, die gewöhnlich treu dezennienlang die Farbe irgendeiner Autorität tragen, die hierzulande z. B. Claus Harms' versetzte Wortfolge karikieren – ich sage: sollten die Verzerrungen ohne Spuren für die Sprache bleiben? Dazu freilich ist das Plattdeutsche unfähig, aber nicht seine Schwäche macht es unfähig, sondern seine Gesundheit und Stärke.

EINE LEBENSSKIZZE

Ich bin Autodidakt in allem, was ich weiß und kann – wenn es noch erlaubt ist, in jetziger Zeit von Selbstbildung zu sprechen, da alle Hülfsmittel der Bildung so zugänglich geworden sind wie niemals früher. Aber ich habe mir selbst die Ziele erkannt und gesteckt, schon frühzeitig darüber das Bewusstsein gehabt, habe die Wege mir dazu selbst gesucht und sie mit der eisernen Willenskraft eines Norddeutschen verfolgt und nie verlassen, bis ich es erreicht, was ich wollte. Habe ich Unterricht genossen, so hat er mir nur dazu als ein erkanntes Mittel geholfen. – Meine ersten Gedichte schrieb ich hochdeutsch von meinem 14.–16. Jahre. Ich bin ein Spätreifer, sang noch in meinem 20. Jahre mit mädchenhaftem Angesicht, obgleich eines Kopfes länger als mittelgroße Männer, einen ungebrochenen Knabendiskant. Um jene Zeit meines 16. Jahres sah ich ein, dass meine Verse sich nicht über die Mittelmäßigkeit erhoben; ich dachte klar und konsequent, damit sei niemand gedient, weil genug von Mittelgut da sei, und nahm mir fest vor, erst etwas Ordentliches zu lernen, nach allen Richtungen hin Verstand und Herz offen zu halten und nicht eher einen Vers wieder zu schreiben, als wenn ich's durchaus nicht lassen könnte. Das hielt ich wenigstens bis zu meinem 24. Jahre; nicht einmal ein Gelegenheitsgedicht habe ich gemacht; niemand hat geahnt (bis zuletzt auf ein paar Freunde), als mein *Quickborn* in meinem 33. Jahre erschien, dass ich einen Reim machen könnte. Dennoch habe ich nie den Gedanken aus dem Herzen verloren, einmal meinem Volke ein Dichter zu werden, der ihm seine Geheimnisse offenbare, ihm den Spiegel vorhalte. Meine äußeren Lebensverhältnisse sind daher untergeordnet für meinen Entwicklungsgang. Ich weiß freilich wohl, dass vielleicht etwas anderes aus mir geworden sein möchte, wenn sie anders gewesen; allein die Grundzüge meines Innern hätten sie nicht geändert.

Ich bin geboren in Heide, dem Hauptflecken der Nordhälfte des Ländchens Dithmarschen. (Sie finden über Ort und Landschaft hübsche Nachrichten in Müllenhoffs Einleitung zur 6. Aufl. des *Quickborn*). Meine Vorfahren sind von uralt freie Dithmarscher Bauern gewesen; ich vermu-

EINE LEBENSSKIZZE

te, dass ein Urahn wegen seiner Körpergröße einmal unseren Namen Groth (der Große) erhalten hat. Mein Vater hatte einen kleinen Landbesitz, worauf wir gegen 10 Stück Kühe und Jungvieh weideten. Eigentlich hatte er das Müller- und Zimmerhandwerk gelernt, kam aber heim und fasste seines Vaters Besitz an, als seine Mutter starb. Erst später kaufte er eine Windmühle, die, aus unserm Fenster sichtlich, einige hundert Schritte von unserm Hause ihm immer ins Auge gestochen. Bis dahin trieb er aus dem Hause den Verkauf von Mehl und Grütze. Es herrschte eine gewisse Wohlhabenheit und gänzliche Unabhängigkeit bei uns. Wir hatten Überfluss am schönsten Mehl, Milch, Butter, Fleisch und Gemüse und lebten fröhlich dabei. War doch genug da, dass noch immer ein armes Kind nebenbei mit ins Haus genommen und durchgefüttert wurde, und noch nennen zwei jetzt tüchtige Handwerker meinen Alten Vater. Ich verdanke diesem Leben alles, zumal eine Gesundheit, die zähe genug war, wirklich unglaubliche geistige Anstrengungen zu ertragen, ehe sie sich beugte, und noch blüht jetzt wieder nach zehnjährigem Druck meine Farbe jugendlich auf. – Mein Obbe (Großvater) wiegte mich, seinen erstgeborenen Enkel, auf den Knien; er hielt mir seine große silberne Taschenuhr ans Ohr, die noch hier vor meiner Schreibmappe glänzt als Andenken an den teuren Alten. Züge von ihm kommen im „Gewitter" und im „Sonntagmorgen" vor, in welchem letzteren mein Vater der Pockennarbige ist. Übrigens sprechen meine plattdeutschen Gedichte fast nie Selbsterlebtes in Goethescher Weise aus; man suche weder mich, noch andere *in persona* darin. Es sind lauter Ideale; natürlich aber ist jeder Zug in anderer Weise innerlich von mir erlebt. Großvater lehrte mich lesen, schreiben, rechnen, so früh, dass ich die Anfänge nicht erinnere. Ich weiß nur, dass mir in einem Rechnenbuche, das ich schon in meinem 5. oder 6. Jahre durchgemacht haben muss, die Brüche etwas Lebendiges, etwas Ameisenartiges hatten. Und nun entstand eine Wut zur Mathematik in mir, die noch meine Leidenschaft ist.

[...]

BRIEF AN LOUISE PETERSEN

Meine liebe Tante Louise!

Kiel, 22. Dez. 1865

So lange habe ich Ihnen nicht geschrieben, zu Weihnacht wenigstens soll es nicht daran fehlen. Früher schrieb ich am kürzesten Tage meinem Bruder Johann, es war dessen Geburtstag. Ein Hoffnungstag ist es ja immer, wenn das Licht wieder zunimmt und die Tage länger werden. Doris und Detmar schnitzeln zum Weihnachtsbaum in Gold- und Silberpapier. Ich habe Ferien von Vorlesungen und denke still an meine fernen oder heimgegangenen Lieben. Heute holten wir unsere Herzogin ein, ein Menschengewoge stand vor dem Bahnhofe, der von der Polizei abgesperrt war. Welche Zeiten! Was haben wir nun schon zusammen erlebt? Ich ging mit Kirchspielvogt Dührsen und Apotheker Pauls [sic!] nach Düsternbrook hinaus, wo man das Schliemannsche Haus holter, polter zur Aufnahme der Herzogin zubereitet hat. Gestern abend um 8 Uhr ging ich dort noch einsam im Dunkeln vorbei, während man dort noch bei Licht hämmerte. Dahinter erheben sich drohend die himmelhohen Schuppen der preußischen Marine auf dem Rundell der Badeanstalt, wo wir in ruhigen Zeiten gingen, Vierklee suchen. Welche Zeiten! Pauls erzählte uns auf dem Wege Geschichten aus Tönning und Garding von Graf Ludwig Reventlow. Ich habe über den Mann immer so gedacht, wie er jetzt sich zeigt, man hätte mich hier wahrscheinlich gesteinigt, wenn ich es geäußert hätte. Wo ist die ideale Freude, die man 1863 empfand? Und dennoch, liebe Tante Louise, muß man sich sagen: Deutschland wird nicht anders groß, als indem seine Fürsten klein und seine Führer bescheiden werden. Ich will doch hoffen und harren und werde nicht zum Narren. Die Preußenwirtschaft ist doch keine Dänenwirtschaft, es kann besser werden, es sind Deutsche, die Junker regieren nicht ewig. Und mit diesem Troste will ich ins neue Jahr treten. Möge das auch Ihnen hoffnungsreich beginnen. Möge das schöne Weihnachtsfest für Sie ein Freudenfest sein!

Hoffentlich ist Bruder August recht wieder gesund und Sie fahren in diesem milden Wetter einmal im eigenen Fuhrwerk mit bekannten Pferden über die allbekannte grün schimmernde Marsch! O mein Heimatland! Stolze Männer, wahre Frauen! Redliche Herzen, echtes Familienleben! Ich erinnere es wohl, wie Sie mir erzählt, daß Sie Heimweh bekamen in der Schule und getröstet wurden, wenn Sie Turm und Zifferblatt sehen konnten. Fast geht es mir noch so. Und so gut es mir geht, mitunter, wenn ich morgens im Halbdämmern allein nach Düsternbrook wandle, wenn der Nebel riecht, wenn einzelne Krähen ziehen, wenn, ich weiß nicht was, in der Luft ist, so rufe ich halblaut: „O ihr Lieben meiner Jugend! mein Heide, meine Lebenslust, mein Glück, wo seid ihr?" Und auch ihrer wird gedacht, und getröstet durch den Morgen wandere ich heim und trinke den warmen Kaffee und höre die Stimmen meiner Doris und meiner Jungen. Aber warum kann man nicht ein wenig ‚nabern' gehen wie zu Haus? Warum ist alles so eilig, so vorsichtig, so vornehm, oder was weiß ich? Und doch darf man ja nicht klagen. Wir haben ja liebe, ehrliche Freunde in Menge. –

Wenn Weihnachten kommt, habe ich immer melancholische Schauer. Wenn ich nur jemand aus der Marsch hier hätte, mir scheint, dann würde es nicht so sein. Man muß doch irgend einmal im Jahr empfinden, wie man zu Haus empfand. Wenn Sie nur einmal Weihnachten bei uns wären! Doch an Sie ist gar nicht mehr zu denken! Und doch denke ich immer mit derselben Liebe und Treue an Sie. Auch mache ich Ihnen, selbst im Herzen, keine Vorwürfe, ich weiß ja, daß es so sein und kommen muß. Aber künftigen Sommer muß ich sie sehen, ich reise nach Garding, wenn Sie nicht kommen. Wie nett, wenn Sie diesen Winter hier gehaust hätten! Sie am allerliebsten hätte ich unter meinen Zuhörern bei meinen Vorlesungen gehabt. Mich dünkt, niemand würde mich besser verstanden haben. Lassen Sie sich nur einmal berichten, etwa von Marie Thomsen, ob ich es nicht gut mache. Dora Brandis könnte es vielleicht noch besser, da sie mich von Anfang an gehört hat. Nebenbei verdiene ich einige Taler dabei, die mir zustatten kommen. Ostern sind wir in unserm neuen

BRIEF AN LOUISE PETERSEN

Häuschen, das klein, aber niedlich ist; hoffentlich werden Weib und Kinder dann auch einmal recht gesund. Doris hat noch immer wieder etwas, jetzt seit 2 Monaten schlimme Augen. Ich weiß nicht, wie es kommt. Ich armer Stukel bin ja doch am Ende in derselben Lebensweise gesünder geworden. Detmar kränkelt auch immer. Gott gebe, dass ich ihn durchkriege, ich würde sonst sehr unglücklich werden. Seine Verdauung ist noch immer nicht gut, er ist mager und schwach. Wieviel habe ich mit Ihnen zu besprechen! Meine Feder eilt in Flugeseile übers Papier, und ich merke bloß, daß es an dem Vorrat im Innern noch gar nicht abnimmt, ich könnte viele Bogen so losschreiben, dennoch hilft es nicht, auch muß ich noch sonst schreiben. Wieviel habe ich mit Ihnen zu besprechen! Der ganze Sommer ist so über mich weggegangen, ohne daß ich einmal bei Ihnen Rechnung abgelegt. Da ist das Künstlerfest, da ist der Besuch der Witwe Hebbel und Tochter hier, da ist Doris ihre Krankheit, und was nicht all! Sehen Sie wohl? Haben Sie nicht doch furchtbar schuld? Müssen Sie nicht kommen und Bilanz ziehen? Ach, wenn Sie die Kinder sähen! Der Albert ist ein Riesenbube und der Kleinste fast nicht minder. Aber was soll man im Briefe von ihnen erzählen? Soll ich Ihnen beschreiben, wie das Häuschen wird? Ich kann es nicht. Wenn ich Ihnen Dank sage, daß Sie auch uns ein Kapitälchen hineingetan, so tue ich es nur flüchtig. Die praktische Doris wird Ihnen das besser und ordentlicher auseinandergesetzt haben. Soll ich Ihnen unseren Weihnachtstisch beschreiben? Unser tägliches Leben? Ach, liebe Tante Louise, das ist alles nichts, das muß man sehen. Wir müssen den Ton ihrer Stimme wieder hören, das Haus verliert sonst den heimischen Resonanzboden. Man muß beieinander hocken und Zeit haben, ausgehen, bewundern zu Haus kommen, beschwatzen – alles zusammen, zusammen –, sonst ist's nichts. Und so will ich denn auch meine Feder niederlegen. Und Ihnen nur noch recht herzlich wünschen: Gesundheit, frohen Mut, fröhliches Fest, glückliches Neujahr, ich und Doris.

Ihr treuer *Klaus Groth*

Quellenverzeichnis

Quickborn
Der Abdruck ausgewählter Texte der ab 1852 publizierten *Quickborn*-Lyrik basiert auf der Ausgabe von Ulf Bichel. Die in Auswahl wiedergegebenen Illustrationen von Otto Speckter erschienen erstmals 1856 in der 4. Auflage des *Quickborn*. Der Abdruck im Lesebuch orientiert sich an der Textreihenfolge in der Gesamtsammlung, deren formale und inhaltliche Vielfalt über die Auswahl verdeutlicht werden soll.
Klaus Groth: Quickborn. Mit Holzschnitten von Otto Speckter. Neu herausgegeben von Ulf Bichel. Heide 1998. [4. Auflage Heide 2016].

Vær de Gærn
Der von Ludwig Richter illustrierte Band *Vær de Gærn* erschien erstmals 1858. Der Abdruck folgt der Ausgabe der Sammlung innerhalb des Bandes *Quickborn. Zweiter Teil* in den *Sämtlichen Werken* und zeigt am Beispiel die Zielsetzung der Sammlung auf.
Klaus Groth: Vær de Gærn. Alte und neue Kinderreime. In: Quickborn. Zweiter Teil. Mit 15 Holzschnitten von Ludwig Richter. Hrsg. v. Ivo Braak und Richard Mehlem. 2. Auflage Heide 1981 (Klaus Groth: Sämtliche Werke, Bd. 3), S. 247–307.

Detelf
Der Abdruck einzelner Kapitel und eines Kapitelauszugs aus der umfangreichen Erzählung *Detelf. Wat en Holsteenschen Jungen drömt, dacht un bel vt hett vær, in un na den Krieg 1848* folgt der von Ulf Bichel und Reinhard Goltz verantworteten Ausgabe der *Vertelln*. Die Auszüge stellen frühe Phasen des Werdegangs des Protagonisten und das Grauen des Kriegsgeschehens in den Vordergrund. Der Text wurde erstmals 1855 publiziert und 1871 und 1881 erheblich erweitert.
Klaus Groth: Detelf. In: Vertelln. Herausgegeben von Ulf Bichel und Reinhard Goltz. Heide 2004, S. 13–81, dort insbesondere S. 13–16 (Kap. 1), S. 23–26 (Kap. 3), S. 56–76 (Kap. 8), S. 81 (Abschluss Kap. 9).

Trina
Der Abdruck dreier längerer Abschnitte aus der 1858 erstmals erschienenen umfangreichen Erzählung Trina folgt der von Ulf Bichel und Reinhard Goltz verantworteten Ausgabe der *Vertelln*. Die Auszüge illustrieren die Protagonistin in ihrer räumlichen und sozialen Umgebung sowie im Gespräch. In die Handlung sind grundsätzliche Überlegungen der Erzählinstanz verwoben.
Klaus Groth: Trina. In: Vertelln. Herausgegeben von Ulf Bichel und Reinhard Goltz. Heide 2004, S. 113–244, dort insbesondere S. 116–130 , S. 176–181, S. 208–213.

QUELLENVERZEICHNIS

Min Jungsparadies
Der Abdruck eines längeren und eines kurzen Ausschnitts aus der 1871 erstmals publizierten Erzählung *Min Jungsparadies* folgt der von Ulf Bichel und Reinhard Goltz verantworteten Ausgabe der *Vertelln*. Die gewählten Passagen illustrieren den Weg des Protagonisten nach Tellingstedt in sein *Jungsparadies*.
Klaus Groth: Min Jungsparadies. In: Vertelln. Herausgegeben von Ulf Bichel und Reinhard Goltz. Heide 2004, S. 339–390, dort insbesondere S. 341–344 , S. 389–390.

Um de Heid
Der Abdruck eines kurzen Abschnitts aus der 1870 erstmals publizierten umfangreichen Erzählung *Um de Heid* folgt der von Ulf Bichel und Reinhard Goltz verantworteten Ausgabe der *Vertelln*. Der Ausschnitt folgt den Gedanken des Protagonisten Thieß Thiessen, der sich nach einem schweren Unfall in einer Glasveranda ausruht und halb benommen in einem Bewusstseinsstrom Situation und Umfeld erlebt.
Klaus Groth: Um de Heid. In: Vertelln. Herausgegeben von Ulf Bichel und Reinhard Goltz. Heide 2004, S. 113–244, dort insbesondere S. 258–261.

De Heisterkrog
Der Abdruck des zweiten Gesangs „Süderwisch" aus der erstmals 1871 erschienenen umfangreichen Verserzählung *De Heisterkrog* folgt der Ausgabe des *Zweiten Teils* des *Quickborn* in den *Sämtlichen Werken*. Der Gesang „Süderwisch" ist eine Vorgeschichte zur Handlung, in der von der Eindeichung und dem Erwerb und Errichten des Hofes Süderwisch, genannt Heisterkrog, berichtet wird.
Klaus Groth: De Heisterkrog. In: Quickborn. Zweiter Teil. Mit 15 Holzschnitten von Ludwig Richter. Hrsg. v. Ivo Braak und Richard Mehlem. 2. Auflage Heide 1981 (Klaus Groth: Sämtliche Werke, Bd. 3), S. 76–156, dort insbesondere S. 90–98.

Hundert Blätter
Die kleine Auswahl hochdeutscher, teilweise von Johannes Brahms vertonter Lyrik aus dem 1854 erstmals erschienenen Band *Hundert Blätter. Paralipomena zum Quickborn* folgt der Ausgabe in den *Sämtlichen Werken*. Sie gibt einen Eindruck von Groths hochdeutscher Form- und Bildsprache und den präferierten Inhalten.
Klaus Groth: Hundert Blätter. Paralipomena zum Quickborn. 1854. An meine Frau. Sonette. Schleswig-Holstein. Leben, Liebe und Tod. Klockenlüden. Stręmels vull Sinnęrn. Lüttje Vertelln. Hrsg. v. Ivo Braak und Richard Mehlem. 2. Auflage Heide 1981 (Klaus Groth: Sämtliche Werke, Bd. 5), dort S. 29–90.

Gelegenheitsdichtung
Der Abdruck des *Festgedichts für Chorgesang zur Einweihung des Nord-Ostsee-Kanals* von 1895 folgt den *Gesammelten Werken*. Der Text ist ein eindrückliches Beispiel grothscher Ge-

QUELLENVERZEICHNIS

legenheitsdichtung im Kaiserreich, die insbesondere auch die Hohenzollern addressiert.
Klaus Groth: Festgedichts für Chorgesang zur Einweihung des Nord-Ostsee-Kanals (21.
Juni 1895). In: Klaus Groth: Gesammelte Werke. Vierter Band. Plattdeutsche Erzählungen.
Hochdeutsche Gedichte. 9.–10. Auflage Kiel und Leipzig 1921, S. 305–306.

Vorwort Quickborn (1852)
Klaus Groths umfangreiches Vorwort zur ersten Auflage des *Quickborn* bündelt präzise sein Programm zur niederdeutschen Literatur. Es wird auf Grundlage der der Erstausgabe erstmals außerhalb anderer älterer *Quickborn*-Ausgaben vollständig wiedergegeben.
Klaus Groth: Zunächst für meinen schlichten plattdeutschen Landsmann einige Worte. In: Quickborn. Volksleben in plattdeutschen Gedichten dithmarscher Mundart nebst Glossar von Klaus Groth. Mit einem Vor- und Fürwort von Oberconsistorialrath Pastor Dr. Harms in Kiel. Hamburg 1853 [1852], S.V–VII.

Briefe über Hochdeutsch und Plattdeutsch
Aus den erstmals 1858 erschienenen insgesamt 26 Briefen über Hochdeutsch und Plattdeutsch wurden drei Briefe ausgewählt und nach der Ausgabe in den *Sämtlichen Werken* zitiert. Die Briefe setzen sich mit der Positionierung des Niederdeutschen und seiner Literatur auseinander. Die Orthographie wurde behutsam angepasst. Auf eine nähere Kommentierung musste in diesem Rahmen verzichtet werden, sie findet sich im sechsten Band der *Sämtlichen Werke*, S. 358–360.
Klaus Groth: Briefe über Hochdeutsch und Plattdeutsch. In: Klaus Groth: Über Sprache und Dichtung. Kritische Schriften. Hrsg. v. Ivo Braak und Richard Mehlem. Heide 1981 (Klaus Groth. Sämtliche Werke, Bd. 6), S. 67–137, insbesondere S. 83–84 (6. Brief), S. 85–88 (7. Brief), S. 90–93 (9. Brief).

Eine Lebensskizze
Klaus Groths autobiographischer Text *Eine Lebensskizze* wurde 1858 für Louise Petersen in Garding aufgeschrieben und erstmals 1932 publiziert. Der Auszug folgt der Textausgabe in dem von Ulf Bichel und Reinhard Goltz herausgegebenem Band *Memoiren*. Er präsentiert Groths Selbsteinschätzung seiner Herkunft und frühen Bildung.
Klaus Groth: Eine Lebensskizze (1858). In: Klaus Groth: Memoiren. Hrsg. v. Ulf Bichel und Reinhard Goltz. Heide 2005, S. 13–56, insbesondere S. 15–17, dort auch Fußnoten zur näheren Erläuterung, so zum Beispiel zur Einordnung von genannten Personen.

Brief an Louise Petersen
Klaus Groths am 22. 12. 1865 verfasster Brief an Louise Petersen in Garding wird nach seiner Edition in den *Sämtlichen Werken* zitiert. Er bringt zahlreiche Einblicke in Groths Berufs- und Privatleben um 1865 und illustriert den Briefschreiber Klaus Groth.
Klaus Groth an Louise Petersen, Kiel, 22. 12. 1865. In: Klaus Groth: Briefe. Aus den Jahren

1841 bis 1899. Hrsg. v. Ivo Braak und Richard Mehlem. Flensburg/Hamburg 1963 (Klaus Groth. Sämtliche Werke, Bd. 7), Brief 107, S. 134–136. Die Seite 431 bringt nähere Erläuterungen zum Brief 107, so auch zum irrtümlich genannten „Apotheker Pauls", hinter dem sich der „Apotheker Paulcke" oder der „Kaufmann Pauls" verbergen dürfte (vgl. S. 431).

Glossar

Das Glossar orientiert sich an den Glossaren oder den Anmerkungen in den folgenden drei Textausgaben, die wiederum ältere, auch auf die Erstausgaben zurückgehende Zusammenstellungen berücksichtigt haben.

Ulf Bichel und Reinhard Goltz: [Anmerkungen]. In: Klaus Groth: Vertelln. Hrsg. v. Ulf Bichel und Reinhard Goltz. Heide 2001, jeweils am Ende einer Seite als Fußnote.

Richard Mehlem: Glossar. In: Quickborn. Zweiter Teil. Mit 15 Holzschnitten von Ludwig Richter. Hrsg. v. Ivo Braak und Richard Mehlem. 2. Auflage Heide 1981 (Klaus Groth: Sämtliche Werke, Bd. 3), S. 329–356.

Richard Mehlem: Glossar. In: Klaus Groth: Quickborn. Mit Holzschnitten von Otto Speckter. Neu herausgegeben von Ulf Bichel. Heide 1998. 4. Aufl. Heide 2016, S. 389–416.

Glossar

Bereits seit ihren Erstausgaben im 19. Jahrhundert wurden die niederdeutschen Werke Klaus Groths mit einem Glossar ausgestattet, um dem Leser ungewohntes Wortmaterial zu erläutern. Insbesondere Karl Müllenhoff machte sich neben dem Dichter selbst um diese Erklärungen verdient.

Ein leicht ergänzter Auszug aus bestehenden Glossaren von Ulf Bichel, Reinhard Goltz und Richard Mehlem erläutert auch das Wortmaterial der im Lesebuch erneut abgedruckten Texte. Es wurde die Aufnahme derjenigen Lexeme bevorzugt, deren hochdeutsche Form nicht regelhaft erschlossen werden kann. Die hier getroffene Zusammenstellung ist vornehmlich den jüngsten Textausgaben verpflichtet. Auf folgende gedruckte Glossare wurde bei der Auswahl zurückgegriffen:

Ulf Bichel und Reinhard Goltz: [Anmerkungen]. In: Klaus Groth: Vertelln. Hrsg. v. Ulf Bichel und Reinhard Goltz. Heide 2001, jeweils am Ende einer Seite als Fußnote. / Richard Mehlem: Glossar. In: Quickborn. Zweiter Teil. Mit 15 Holzschnitten von Ludwig Richter. Hrsg. v. Ivo Braak und Richard Mehlem. 2. Auflage Heide 1981 (Klaus Groth: Sämtliche Werke, Bd. 3), S. 329–356. / Richard Mehlem: Glossar. In: Klaus Groth: Quickborn. Mit Holzschnitten von Otto Speckter. Neu hrsg. v. Ulf Bichel. Heide 1998. 4. Aufl. Heide 2016, S. 389–416.

Grundsätzlich bildet das *Schleswig-Holsteinische Wörterbuch* (SHWB) von Otto Mensing die Grundlage der jüngeren Groth-Glossare spätestens nach 1935 und auch des Lesebuch-Glossars, vgl. Otto Mensing (Hrsg.): Schleswig-Holsteinisches Wörterbuch. (Volksausgabe). 5 Bände. Neumünster 1925–1935, 1. Nachdruck Neumünster 1972, 2. Nachdruck (verkleinert) Neumünster 1985. Seit 2022 ist das SHWB über die Internetpräsenz der Universitätsbibliothek Kiel auch online erreichbar. Für den Wortbestand des *Schleswig-Holsteinischen Wörterbuchs* wurden die Werke Klaus Groths in einem breiten Umfang ausgewertet. Daher verweist das SHWB in vielen Fällen auf Belege aus Groths Texten, vgl. dazu Robert Langhanke: Dichtung als Quelle. Klaus Groths *Gesammelte Werke* und das *Schleswig-Holsteinische Wörterbuch* als eine (zu?) fruchtbare Beziehung. In: Antje Dammel und Markus Denkler: Großlandschaftliche Dialektwörterbücher zwischen Linguistik und Landeskunde. Wien und Köln 2024 (Niederdeutsche Studien, Bd. 66), S. 133–178.

Das Glossar des *Klaus-Groth-Lesebuchs* gibt in der Regel die Grundformen der erläuterten Wörter an, auf weitere grammatische Angaben wird hier verzichtet. Einzelne Verbformen erscheinen in flektierter Form im Glossar, in seltenen Fällen sind Pluralformen der Substantive verzeichnet. Diese angeführten Formen orientieren sich an einem tatsächlichen Auftreten im Text.

GLOSSAR

Aben: Ofen
Abenknop: Ofenknopf (Handwärmer)
Achendeel: Achteltonne
achter: hinter
affellt: ohne Farbe, abgeblättert
al: schon
Ammer: Eimer
Anslagg: Plan
Ap: Affe
Arfen: Erbsen
Ascher: Pappschachtel
Avisen: Zeitung
Baas: Meister
banni: sehr
Bæker: kleiner Junge, Knirps
Bęk: Bach
Bęt: Biss
betęmen laten: gewähren lassen
betęmli: ungezwungen
bewümpelt: eingewickelt
bian: nebenan
binn(en): drinnen
blickern: blechern, aus Blech
Blickensläger: Klempner
blid: freundlich
Blomhof: Blumengarten
Bost: Brust
Bott: Gebot, Angebot
Bra(h)m: Ginster
Bratelsch: Aufgebratenes
Brotschapp: Brotschrank
brüden: necken
Buden: Bauen
buten: draußen
Bürn: Kissenbezüge
Büss: Büchse, Gewehr
canditel: lustig, munter
cumpawel, kumpabel: fähig
Daben: Toben
Dack: Dach
Dag: Tag
Dak: Nebel
de Heid: Heide (Stadt)
Deert: Tier

dękern: dünn
dennös: nachher
dermank: dazwischen
Diem: Heuhaufe
Dorsul: Torsäule
döfft: getauft
Dörnsch: Wohnstube
Döscher: Drescher
döss: 3. Pers. Sing. Prät. von dörven (dürfen): durfte
Drach: Schulterjoch als Tragevorrichtung
dreeklört: dreifarbig (schleswig-holsteinisches blau-weiß-rot)
drehari: eigensinnig, widerharig
driftig: betriebsam, tatkräftig
drok: grob, zudringlich
Drüssel: Türschwelle
dun: besinnungslos, betrunken
Dunnküssens: Daunenkissen
Dusendüwelswarf: historisches Gebiet bei Hemmingstedt
Duss: Schmuckelement (Rose) aus Plüsch
Dutten: Haufen
Duv: Taube
düch: 3. Pers. Sing. Prät. von düchten (dünkten): dünkte, deuchte, kam so vor
Dünsen: Schläfe
düsi: taumelnd
düsseln: taumeln
dweer: quer
eentali: gleichmäßig
Eiermaan: halbmondförmiges, feines Hefegebäck
Ellhorn: Flieder
Elß: Ahle, Spitzbohrer (Werkzeug)
faken: oft
Fal: Fohlen
fee: scheu, schüchtern
ficheln: die Backen streicheln, liebkosen
Fick: Geldbörse
Fledderesch: Zitterpappel
Fleerlink: Schmetterling
Flünken: Flügel
fluddrig: flatterig, nachlässig

GLOSSAR

Föst: First
fram: sanft
freesch(e): friesisch(e)
fuchti: feucht, frisch
funßeln: ungefragt anfassen
Garner: Gärtner
Geest: höher gelegenes Land
Gelaten: Gelasse, Räume
gemakli: gemächlich, allmählich
Glęm: Schimmer
Gluddern un Gnittern: Kichern
Glup: Blick
Gnęgelputt: Nörgler
Gosche: Großmutter
gręsi: schauerlich
grüstern: schmoren
Gu: Geschmack (frz. gout)
günt: da
güntsid: jenseits
Hadbar: Storch
Haf: Haff, das Meer, die See
Hahnhölter: Tragbalken
Handgebęr: Spielzeug
Hannemann: Spottname für Dänen
Hasselnjuker: Haselstock
Hasselnwid: Haselzweig
Hauarn: Heuernte
Haudiem: Heuhaufen
Hæg: Freude
Hæker: Kleinhändler
Hæv: Habicht
heel: ganz
heesch: heiser
Heiloh: Heide (Landschaft)
Heister: Elster
Hemdsmau'n: Hemdsärmel
Hexter: Elster
hilt: eilig, geschäftig
Holt: Gehölz, Wald; Holz
Hunnblom: Hundeblume, Löwenzahn
Husbæn: Dachboden
Im: Biene, Bienen
Iritsch: Hänfling (Vogel)
inexeert: eingeübt (in militärische Übungen)

infriet: eingeheiratet
inhüsi: häuslich
inne Möt: entgegen
iwri: eifrig
hölphelen: Lärm schlagen
janken: knarren
Jurrt: Vergnügung
jüm: euch
jüs: gerade, eben (zeitlich)
jüs(en): mager(en)
Kæk: Küche
Kaasball: Fangspiel mit Ball
Kapp: drehbare Windmühlenhaube
Karrn: Butterfass
Kaspelvægdi: Kirchspielvogtei
Katteker: Eichhörnchen
klabastern: hastig fortbewegen, (reiten)
klænen: gemütlich reden
Klei: Schlick, schwere Marscherde
Klęv: Steilrand der Geest, Abhang
Kluckeri: Liebkosung
Kluwerstaken: Springstock
Klüteri: Beschäftigung mit kleineren Aufgaben
knaki: knöcherig, steif
Knappbüssen: Knallbüchse aus ausgehöhlten Fliederzweigen (Kinderspielzeug)
Knick: Wall mit Sträuchern
knulli: grob
Knuppen: Knospe
Knüll: Hügel, Grasplatz
knütten: stricken
Kost: Leibgericht, Speise
krall: munter
Krattbusch: Unterholz
Krattholt: Unterholz
Kræckeln: Runzeln, Falten
Krit: Kreide
Krönk: Chronik
Kruthof: Gemüsegarten
lankhin: weithin
lat: spät
Leid: Zügel
lengen: sich sehnen

181

GLOSSAR

lerrig: leer
likes: dennoch
liklank: geradeaus
Linnmannskramers: Leinenhändler
Lohdęl: Dreschdiele
Lojeri: Kornwinde
Lopbrügg: Fußgängerbrücke
Lüttjmiddag: zweites Frühstück
Maan: Mond
Maas: Moos
mank: zwischen
Marsch: flaches, niedriges Land im Küstengebiet
Matten: Martin
Meiers: Mäher
menni: manch
merrn: mitten
Mireems: Ameisen
mitto: bisweilen
Moltmæl: Malzmühle
Moorknüll: Moorhügel
Mürtoplęger: Zuarbeiter der Maurer
nargends: nirgendwo
narrn: ärgern
Naschen: kleine Holzschachtel
Nawer(sche): Nachbar(in)
Nawerschop: Nachbarschaft
Neegde: Nähe
nęti(g): verlaust, lausig, ‚argerlich'
nischierig: neugierig
nös: nachher, später
nüms: niemand
oldbelti: altklug
Optæg: Aufzüge
orri: ziemlich
ökern: ruhig arbeitend, fleißig
Ör: Orte, Stellen
pall: direkt
Pallasch: Spaten, hier ‚Degen'
Paten: Schössling
peeweek: empfindlich, zart
Pęrmark: Pferdemarkt
Perzepter: Lehrer
Platen: Schürze

plitsch: schlau
Plogsteert: Griff des Pflugs
Pohl: Tümpel, Teich (vgl. engl. *pool*)
Poppel- un Elmholt: Pappeln und Ulmen
Priamel: Sinnspruch, Spruchdichtung
Produkten: Wurf- und Fangspiel mit Steinchen
quanswis: nur zum Schein
Queller: Pflanzenart
quesi: wunderlich, verdreht
Ralosen: Fenstervorhänge
Rau: Ruhe
Rætern: Rattern, Plappern
Redder: enger Feldweg (zwischen Knicks)
redi: bereit
ree: 3. Pers. Sing. Prät. von riden (reiten): ritt
Reegen: Reihen
Reep: Seil, Tau
Rivsticken: Streichholz
Roden: Flügel
Romguss: Sahnekännchen
rug: rau
rungzen: sich nachlässig recken
Ruten: Fensterscheiben (Rauten)
Sekreten: Dekrete, Anweisungen
Sett: flache Schüssel
sik afängsten: sich sehr ängstigen
Slach: Wesen, Art, (Schlag)
Slippslapp: Schleuder
Slött: Schloss
Slüsbęk: Schleusengraben
smerri: schmierig, (mit Butter bestrichen)
smętsch: schlank
smidi: geschmeidig
smoki(g): rauchig, nebelig
smöken: rauchen
smustern: schmunzeln
Snak: Ringelnatter
Snippen: dreieckige Trauerkopftücher
Snittweg: Abkürzung
sodenni: auf solche Art
Sot: Brunnen, Ziehbrunnen
So(o)tswang: Brunnenschwengel
Spinnwibb: Spinnengewebe

GLOSSAR

splinterniet: nagelneu
spökeli: spukhaft
Stankversit: Störenfried
stapelbuls: plötzlich
Steenbacken: Ziegelbrennen
Steenbrügg: Steinpflaster
Steenswölken: Uferschwalben
Stręmel: Streifen
stręwi: rüstig, strebig
Stülper: Aufsatz zum Wärmen von Speisen
stültern: stolpern
störrtlos: geradeheraus
süden op: in südliche(r) Richtung
sünnern Klas: Sonderling
Süster: Schwester
Swęp: Peitsche
Swęrter: Querbalken
Schapp: Schrank (*dat Schapp*, neutr.)
Scheernfleiten: Flöten (aus Kälberkropf)
Schelln: Schelten
Schoßee: Chaussee, Landstraße
Schul: Versteck
Schummern: Dämmerung
Schürpahl: ‚Scheuerpfahl' (für das Vieh)
Tabelln: Wandtafel
Tæg: Streiche
Tegelie: Ziegelei
teken: zeichnen
Teken: Zeichen
Torn: Turm
töven: warten
trecken: ziehen
Tun: Zaun
Tüg: Zeug
tüscheln: beschwichtigen
twein: entzweiten, zerrissenen
umpass: beinahe
Umswiern: Schwärmen
utbörsten: ausbürsten

utneihn: weglaufen
Værjahr: Frühjahr
verbistern: verwirren
verblixt: sehr erstaunt
verlęden: vergangenen
Verlöf: Erlaubnis
Vermak: Freude
vermoden: vermutet
vermünnern: ermuntern
vernüsselt: festgelaufen
versorn: verdorren
vertisst: durcheinander gewachsen
vertörnen: erzürnen, zornig machen
Vullmacht: Landesbevollmächtigter, Bauernvorsteher
wadenni: wie beschaffen
Waggen: Wogen
wan(n)ehr: wann
wasück: wie denn
wennt: gewohnt
Wętfru: Witwe
Wichel: Weide
wisen: zeigen
witschen: entwischen
wokeen: wer
wrækeln: tadeln
wręweli: mürrisch, knurrig
wul(l): wer, jemand (dithmarsisch)
Wülp: Walze
wültert: gewälzt
Wurt: aufgeworfener Erdhügel in der Marsch, Wohnplatz
Wuttel: Wurzel
Züs: Zeug
Zwick: Zwecke, Schuhnagel, hier auch ‚Sinn', ‚Zweck'
Zwickmæl: Zwickmühle (beim Spiel)

GLOSSAR

Der Herausgeber

Robert Langhanke ist seit 2009 Dozent für niederdeutsche Sprache und Literatur und ihre Didaktik an der Universität Flensburg. Zudem nahm er bis 2023 Lehraufträge für ältere und neuere niederdeutsche Literatur an der Universität Kiel wahr. Er arbeitet zu verschiedenen Themen der niederdeutschen Philologie und ist seit 2018 Vorsitzender der Klaus-Groth-Gesellschaft, deren Jahrbuch er herausgibt. Sein besonderes Interesse gilt der niederdeutschen Prosa und Lyrik Klaus Groths, mittel- und neuniederdeutscher Literatur, niederdeutschen und norddeutschen Sprachmustern sowie der Niederdeutschdidaktik und der schulischen Vermittlung niederdeutscher Sprache und Literatur.